El cielo de la granja de sueños

Heaven's Garden of Dreams

MUSEO SALVAJE

Colección de poesía

———————————

Poetry Collection

WILD MUSEUM

Francisco de Asís Fernández

EL CIELO DE LA GRANJA DE SUEÑOS

HEAVEN'S GARDEN OF DREAMS

Translation by Stacey Alba Skar-Hawkins

Nueva York Poetry Press®

Nueva York Poetry Press LLC
128 Madison Avenue, Oficina 2RN
New York, NY 10016, USA
Teléfono: +1(929)354-7778
nuevayork.poetrypress@gmail.com
www.nuevayorkpoetrypress.com

El cielo de la granja de sueños / Heaven's Garden of Dreams
© 2022 Francisco de Asís Fernández

© Translation by Stacey Alba Skar-Hawkins

ISBN-13: 978-1-958001-54-7

© Colección *Museo Salvaje* vol. 47
(Homenaje a Olga Orozco)

© Dirección:
Marisa Russo

© Edición:
Francisco Trejo

© Texto de contraportada:
Emilio Coco

© Diseño de portada:
William Velásquez Vásquez

© Diseño de interiores:
Moctezuma Rodríguez

© Fotografía de portada:
Adobe Stock License

© Fotografía del autor:
Evelyn Flores

De Asís Fernández, Francisco
El cielo de la granja de sueños / Heaven's Garden of Dreams, Francisco de Asís Fernández. 1ª ed. New York: Nueva York Poetry Press, 2022, 202 pp. 5.25" x 8".

1. Poesía nicaragüense   2. Poesía latinoamericana

Para Antonio Cabán Vale
Y Edwin Reyes
mis inolvidables socios
en el Café Teatro La TAHONA
Calle Sol esquina Cruz
del Viejo San Juan
Puerto Rico

y a mi amadísimo amigo
Francisco Matos Paoli

For Antonio Cabán Vale
And Edwin Reyes
my unforgettable associates
at the Café Teatro La TAHONA
on Calle Sol's corner with Cruz
in Old San Juan
Puerto Rico

and to my very dear friend
Francisco Matos Paoli

PRÓLOGO

En la Nicaragua martirizada por la feroz dictadura de Daniel Ortega, se levantan las voces de los poetas para condenar los abusos, las violencias, las represiones, los asesinatos perpetrados contra todo aquel que se atreva a expresar un mínimo de disensión contra quienes convirtieron a Nicaragua en un estado policial, más represivo, tal vez, que aquel que había sido durante los primeros años de la dictadura del cruel Anastasio Somoza. Muchos de los poetas que habían luchado en las filas del ejército revolucionario sandinista, entre ellos Gioconda Belli, Daisy Zamora, el gran Cardenal, fallecido recientemente, expresaron su protesta imperiosa a pesar de las amenazas de todo tipo. El último ejemplo de esta larga serie de feroces ataques contra los disidentes es el del escritor Sergio Ramírez, premio Cervantes de literatura, contra quien fue emitida una orden de captura con la ridícula acusación de "incitación al odio y la violencia".

Escribe Sergio Ramírez: "Curioso que una nación americana haya sido fundada por un poeta (Rubén Darío) con las palabras, y no por un general a caballo con la espada al aire". Y otro gran poeta, José Coronel Urtecho, afirmó que la poesía "es hasta ahora el único producto nicaragüense de valor universal". En efecto, la poesía construyó e inventó a Nicaragua, dotándola de identidad en el continente americano y en sus islas. La poesía es su memoria, su historia, su sensibilidad, su imaginación, su pensamiento, su religión, su razón de ser. Es lo que repite, con palabras similares, Francisco de Asís Fernández en el extenso texto titulado

"Elogio de la Poesía" que se encuentra al final de sus textos poéticos. Los dictadores odian a los poetas, afirma nuestro escritor. Y los poetas son "Mis Héroes, que hacen la poesía, que es el producto que tiene la mejor calidad entre los productos exportables de Nicaragua, son vistos siempre como unos marginales y como unos antihéroes dentro de la tragedia inenarrable de la Historia de Nicaragua. Los responsables de la tragedia, quienes han desbaratado y malversado el país hasta llevarlo a la bancarrota moral y económica hacen de lado siempre al poeta para no darse cuenta de lo humano de su pensamiento, para no darse cuenta de la calidad de solidaridad humana que necesita un ser humano para vivir, del horizonte de sus reflexiones, de las injusticias que se cometen con el acaparamiento irracional de la riqueza. El poeta para vivir necesita la justicia social, y la justa distribución de la riqueza, necesita inversión en la educación, en la salud, en la vivienda, en la cultura, en la Democracia".

Siempre recuerdo con una mezcla de amor y nostalgia mi primera invitación a Nicaragua para asistir al Festival Internacional de Poesía de Granada. El primer día lo pasé en un hotel en Managua. Por la mañana, desayuné con otros poetas que vinieron de Austria y España, al aire libre, bajo un porche adyacente a la entrada del restaurante. Todos nos maravillamos al ver en el mantel colocado sobre la mesa dibujadas las cabezas de cuatro grandes poetas: Rubén Darío, José Coronel Urtecho, Pablo Antonio Cuadra y Ernesto Cardenal. El dueño del hotel que nos observaba con discreción desde la puerta mientras desayunábamos, se acercó al vernos señalar con nuestros dedos los rostros de los poetas y nos dijo con mal disimulado orgullo: "Son nuestros poetas. Aquellos que han hecho grande a Nicaragua".

Francisco de Asís Fernández es uno de ellos. Un poeta que, desde su infancia, no ha tenido más héroes que poetas, que jugaba con ellos como los niños juegan con sus juguetes. A sus héroes los encontraba en su casa todos los días. Fueron los grandes poetas de Nicaragua, de Rubén Darío a Pablo Antonio Cuadra, de José Coronel Urtecho a Carlos Martínez Rivas, de Ernesto Mejía Sánchez a Ernesto Cardenal, a su padre, el poeta Enrique Fernández. Y habló y caminó con ellos, así como "los hombres primitivos hablan y caminan entre sus héroes y sus dioses". Y fue su padre quien le enseñó, de niño, que "la verdadera fuerza espiritual de la palabra ocurre en la poesía y que la fuerza espiritual de la poesía redime al hombre, (...) que la poesía está en todas partes y que la gratitud de la poesía es una bendición a los ojos del poeta que todo lo ve con los ojos de la poesía, y que no hay temas ajenos a la poesía".

Sí, no hay temas ajenos a la poesía. Y los temas son los de siempre, son los temas eternos. Son los hechos y los sentimientos inmanentes de la existencia humana: la piedad, la ternura, el asombro ante el fluir inexorable de las cosas y de la vida, el dolor, la alegría, los recuerdos, la dialéctica de vida y muerte. Todo inmerso en un clima de constante tensión meditativa, en un aire de aflicción virilmente severa, de pesimismo silencioso que nunca es desesperación.

El libro se configura como la historia de un alma que, a pesar de los sufrimientos físicos que debilitan el cuerpo, con todo su bagaje de dolor, sabe escuchar la naturaleza y contemplar el firmamento con los ojos soñadores de un niño. Francisco sabe escuchar y traducir las voces y los colores del mundo en sonidos de palabras. Los elementos de la geografía terrestre y celeste no nos son entregados por lo que son, sino que son como una "materia prima" para ser tratada y moldeada fabulosamente y el poeta resuelve el todo en transparentes y poéticas leyendas de la naturaleza, del cielo y de las horas, de los horizontes marinos y de las constelaciones brillantes en el cielo, de los grandes glaciares de la Antártida. Si los ángeles son los protagonistas indiscutibles de su poesía y todas las estrellas tienen la belleza de los ángeles, sus textos están poblados también por ballenas, algas, caballitos de mar, delfines, cisnes, bisontes bramando, pero también de claveles, rosas y girasoles.

El componente naturalista prevalece en este libro. Allí la presencia de la naturaleza es tan incidente que no hay poema que no se llene de ella, contagiándose e impregnándose de sus elementos. El resultado final, a través de un juego continuo de comparaciones e interferencias, es la unión del todo en una comunión superior, en una especie de estupenda palingénesis, de tal manera que las distancias entre la tierra y el cielo se anulan. Y por los caminos de este derroche de sonidos y colores, el autor persigue sus tristezas y sus amores, sus sutiles ansiedades, pero también una paz y una calma infinitas, la voz asombrada del silencio y la soledad, a través de una sucesión martilleante de visiones e interrogantes. Y la misma muerte no es un fantasma que inspira miedo, sino que es vista como una amiga, como una "hermana mayor" que "no duerme nunca cuidando de mis depresiones, / mi derrame cerebral, mi cáncer, mi minusvalidez en la vida. / Ella sabe lo que tengo que hacer todavía, / los poemas que tengo que escribir, / los dolores, sufrimientos, heridas, frustraciones / que me faltan pasar hasta llegar a ella, / como cuando daba mis primeros pasos / y ella me esperaba con ansiedad / con sus brazos abiertos. Y en otro poema, que nos trae de inmediato a la memoria los versos de Pavese, dirá: "La muerte vendrá / como una amante inevitable" y tendrá "mis ojos".

No faltan referencias al mundo clásico en su poesía, muy querido por el poeta. Los nombres de Platón, de Homero, de Aristóteles alternar con los de poetas modernos como Rilke, Whitman, Poe, Baudelaire, hasta Van Gogh, Fray Luis de León y los poetas Franciscanos del siglo XIII, que "amaron la poesía, la humildad y la pobreza" porque el oro "sangra, humilla, prostituye, mata, / a la verdad la hece mentira. (...) No se pueden contar los horrores que ha causado el oro al amor. / Sería más fácil contar las arenas del desierto, / más fácil contar las estrellas del infinito ".

El suyo es un canto abierto y lleno, ágilmente modulado. El poeta entrega, con inalterada fidelidad, toda la carga varia y excavada de su experiencia de hombre, de su vida interior. Es el mundo de los sentimientos: los sentimientos reales y cambiantes de un hombre. Toda la trama de los movimientos del corazón y de la sensibilidad, desde las dudas existenciales y el sincero y nostálgico repliegue en el celoso círculo de las memorias amorosas hasta ciertos serenos extravíos cósmicos, lunares y estelares, lindando con la urgencia místico-religiosa.

EMILIO COCO

In Nicaragua, persecuted by Daniel Ortega's brutal dictatorship, the voices of poets rise up to condemn the abuse, violence, repression and assassinations perpetrated against anyone who dares express any level of dissent against those who turned Nicaragua into a police state, one that is perhaps even more repressive than the early years of the dictatorship led by the cruel Anastasio Somoza. Many poets who once fought in the Sandinista National Liberation Front (FSLN), among them Gioconda Belli, Daisy Zamora, the great Ernesto Cardenal, who recently passed away, have voiced urgent protests despite facing an array of threats. The latest example in the long series of ferocious attacks against dissidents involves the author Sergio Ramírez, winner of the Cervantes Prize for literature. A warrant was issued for his arrest with the absurd accusation of "inciting hate and violence."

Sergio Ramírez writes: "It is unusual for an American nation to have been founded by a poet (Rubén Darío) and not by a general wielding a sword." Another great poet, José Coronel Urtecho, affirmed that poetry "is Nicaragua's only national product with universal value." In effect, poetry built and invented Nicaragua, defining its identity in Latin America. Poetry is Nicaragua's memory, history, conscience, imagination, philosophy, religion, and reason for being. Francisco de Asís Fernández expands on this with similar language in his "Poetic Elegy" at the end of these poems. Dictators hate poets. Our author writes: "My heroes who make poetry, which is the most valuable product among all of Nicaragua's exports, are always viewed as eccentrics and antiheroes in the unspeakable tragedy of Nicaraguan History. Those responsible for the tragedy, those who have destabilized and defrauded the country to the point of moral and economic bankruptcy, are the same ones who disregard the poet, ignoring human experience and intellect, ignoring the value of human solidarity that depends on being human to thrive, the perspective of reflective thought, the injustice committed by the irrational monopolization of wealth. To thrive, the poet needs social justice, fair distribution of wealth, investment in education, in health, in housing, in culture, in democracy."

I will always remember the first time I was invited to attend the International Poetry Festival in Granada. It is a memory filled with love and nostalgia. I spent the first day at a hotel in Managua. That morning I had breakfast with other poets who had come from Austria and Spain. As we ate outdoors under an awning at the restaurant's entrance, we all marveled at the tablecloth with portraits of four great poets: Rubén Darío, José Coronel Urtecho, Pablo Antonio Cuadra y Ernesto Cardenal. The owner of the hotel, who had observed us quietly from the doorway during breakfast, came over to us pointing at the poets' faces. Barely able to conceal his pride, he told us: "They are our poets. Those who made Nicaragua great."

Francisco de Asís Fernández is one of them. He is a poet whose only heroes, ever since childhood, have been poets, who played with them the way other children play with toys. His heroes were at his home every day. They were Nicaragua's great poets, from Rubén Darío to Pablo

Antonio Cuadra, from José Coronel Urtecho to Carlos Martínez Rivas, from Ernesto Mejía Sánchez to Ernesto Cardenal to his poet father, Enrique Fernández. And he spoke and walked beside them, just as "primitive men spoke and walked among their heroes and Gods." And his father was the one who taught him, from childhood, that "the real spiritual truth of the word happens in poetry and the spiritual strength of poetry redeems mankind. (…) Poetry is everywhere and gratitude for poetry is a blessing in the eyes of the poet who sees all through the eyes of poetry, and there are no subjects off limits to poetry."

And this is true; there are no subjects off limits to poetry. And the subjects are always the same; they are eternal. They are episodes and essential feelings that define human existence: forgiveness, tenderness, dismay at the relentless flow of things and life, pain, joy, memories, the dialectic between life and death; all of this suspended in a continual climate of meditative tension, an atmosphere of acute male suffering, silent pessimism that is never desperation.

The book is configured as the story of a soul that, despite physical suffering, and with the toll all that pain takes on the body, knows how to listen to nature and contemplate the firmament through a child's wondrous eyes. Francisco knows how to listen to the world's voices and colors and translate them into words. The elements of earthly and celestial geography are not presented to us for what they are but as "materia prima" to be worked and fabulously shaped, the poet making it all transparent, and nature's poetic legends, heaven, time, horizons on the sea and brilliant constellations in the sky, the ocean's great glaciers. While angels are undeniable protagonists in his poetry and all the stars are as beautiful as angels, his texts are also filled with whales, algae, sea horses, dolphins, swans, bison bellowing, but also carnations, roses, and sunflowers.

The naturalist component is dominant throughout this book. Nature's presence is so inherent that the poetry is filled by it, infused and permeated with its elements. The end result, through a constant interplay of comparisons and juxtapositions, takes the totality to a higher communion, in a type of extraordinary palingenesis, where the separation between earth and heaven dissolves both. And it is through this outpouring of sounds and colors that the author traces his melancholy and his lovers, his subtle angst, but also infinite peace and tranquility, the poetic voice in awe of silence and solitude, in a throbbing succession of visions and doubt. And death itself is not a specter to inspire fear but viewed as a friend, as a "Big Sister": "never resting as she tends to my depression, / my stroke, my cancer, / my disabled life. / She knows what I have left to finish, / the poems I need to write, / the pain, misery, hurt, frustration that I have yet to suffer before I reach her, / like when I took my first steps / as she anxiously awaited / with open arms." And in another poem, that immediately brings to memory Pavese's verses, the poetic subject states: "Death will come / like an inescapable lover" and she will have "my eyes."

The poems are not without classical references, which the poet holds dear. The names of Plato, Homer, and Aristotle alternate with great modern poets, such as Rilke, Whitman, Poe, Baudelaire, even Van Gogh, Fray Luis de Leon, and Franciscan poets from the 13th century, who "loved poetry / humility, / and poverty because gold bleeds, humiliates, prostitutes, kills, / it turns truth into lies. (...) The horrors that gold has caused love are incalculable, / It would be easier to count all the grains of sand in the desert, / easier to count infinite stars."

His song is open and complete, skillfully modulated. The poet offers, with inexorable faithfulness, the entire, fully explored burden of man's experience, of his contemplation. This is the realm of sentiments: mankind's real and changing emotions. It encompasses the entire experience of the heart and feeling, from existential doubt and nostalgic, sincere reflection to the jealous territory of amorous memories to a type of cosmic, lunar, and stellar tranquility, bordering on mystical-religious urgency.

EMILIO COCO

EL MAR Y LOS DELFINES

1

Los delfines le cantan canciones de amor a sus amantes
y le enseñaron a los hombres a cantarles dulcemente
a las hembras que enamoran.
Yo los oí cantar dulzuras de la inmensidad del mar,
de las mentiras del amor,
de los mandatos que dan las estrellas en la noche
y de los besos que se han dado en las reconciliaciones.
Cuando piensan se enamoran.
Son como yo, que hago locuras y poemas
y lloro de alegría.
A la gente le gusta ver saltar a los delfines por encima del
          mar
haciéndole gracias a sus novias.
Isadora Duncan venía a bañarse con los delfines
y aprendía de la sabiduría y belleza,
del ritmo de las olas.
Si le das a guardar un secreto al mar
¿el mar lo oculta en el horizonte
que continúa hasta el final a de las constelaciones?

DOLPHINS AND THE SEA

1

Dolphins sing love songs to their lovers
and they taught men how to sing them sweetly
to the women they are courting.
I heard them singing sweetly about the vast sea,
love's dishonesty,
orders the stars give at night,
and when they kissed and made up.
They fall in love when they think.
We are the same, as I go crazy and make poetry,
and I cry from happiness.
People enjoy watching dolphins leap above the surface of
         the water
entertaining their lovers.
Isadora Duncan came to swim with dolphins
and learned about wisdom and beauty,
the rhythm of waves.
If you ask the sea to keep a secret
does the sea hide it in the horizon
stretching to the tail of constellations?

CUANDO NUESTRO MUNDO MÁGICO EMPIECE A LLEVARNOS

Cuando nuestro mundo mágico
empiece a llevarnos
cuando quedemos solo con la terca memoria
que crece como ala de un dulce gorrión
y la pasión se salga ansiosa de la imaginación
buscando un paraíso en alguna parte;
a todas las ciudades las veremos diferentes,
habrá más constelaciones brillantes en la noche,
se habrán extinguido muchas especies de animales,
los grandes hielos de la Antártida flotarán
quebrados en el mar,
y ya no habrá inviernos interminables
y nuestro amor será más grande que cuando
comenzamos a amarnos.

WHEN OUR MAGIC WORLD STARTS TO OVERCOME US

When our magic world
starts to overcome us
when we are left with nothing but stubborn memory
that grows like the wing of a sweet sparrow
and passion emerging eagerly from imagination
seeking some paradise somewhere;
we will perceive all cities differently,
there will be more brilliant constellations at night,
many animal species will be extinct,
the Antarctic's great ice flows will drift
broken in the sea,
and eternal winters will cease to exist
and our love will be greater than when
we first fell in love.

EL POETA PREGUNTA

¿Puedo sembrar hadas en tu pelo castaño,
árboles de melocotones
que den frutas de pitayas y vainillas
con arcoíris en las hojas
para que al besarlas me produzcan sueños milagrosos
con el sabor apacible del paraíso?

THE POET ASKS

May I sow fairies in your auburn hair,
peach trees
that produce dragon fruit and vanilla
rainbow leaves
so that when I kiss them, I have miraculous dreams
with the delicate flavor of paradise?

SI YO ENCONTRARA UN ALMA

A Gloria
en nuestras bodas de oro

Cuando yo era joven y bello
y repartía mi exuberancia de jazmines
llegaba a cantar al Little Broadway:
Si yo encontrara un alma como la mía,
esclava y soberana en el amor,
que no sea una hormiga entre las hormigas,
que tenga luz y tenga la oscuridad,
que ponga en un relicario su amor y el mío
y cierre mis ojos cuando vaya a dormir
para siempre.

MAY I FIND A SOULMATE

To Gloria
on our golden wedding anniversary

When I was young and attractive
and radiated my jasmine exuberance
I managed to sing on Little Broadway:
May I find a soulmate
slave and master to love,
not an ant among ants,
with light and darkness,
to place her love and mine in a locket
and to close my eyelids as I sleep
for eternity.

QUÉDATE CONMIGO

Dulce llama, quédate conmigo
tengo miedo de estar vivo sin ti,
temor de despertar.
Dulce ala de gorrión,
vuela en mi cuello de estrellas
en la virtud de respirar.
En el aire de amarte,
quédate conmigo.

STAY WITH ME

Sweet flame, stay with me
I fear life without you,
fear of waking.
Sweet sparrow's wing,
hover on my collar of stars
on my breath.
By virtue of my love for you,
stay with me.

SOÑABA QUE VOLABA CON UNA PLUMA EN LA MANO

Soñaba que volaba con una pluma en la mano
y Ondra y Tadea vivían en la aparición de los
relámpagos.
Era una pluma vestida de azul y rojo que me
hacía volar
y escribía versos en el aire para Ondra y Tadea.
Cuando era niño era fácil el amor y el desamor
pero con Michele Filleau perdí la raíz del Vesubio,
diseñé los vitrales de Montmartre,
quemé la biblioteca de Alejandría,
y lloré con Boabdil cuando Isabel lo expulsó de Granada.
Esos divinos disparates me han asaltado
otras veces en mi vida.
Y ahora, después de la desgracia,
empecé a tener tiempo para estar conmigo,
para que mi pluma sople adentro de mi
y me haga volar después de mi muerte.

I DREAMT OF FLYING WITH PEN IN HAND

I dreamt of flying with pen in hand
as Ondra and Tadea inhabited flashes of
lightening;
a pen dressed in red and blue gave me
wings
and I wrote verses in the air for Ondra and Tadea.
When I was a boy falling in and out of love was easy
but I lost the root of Mount Vesuvius with Michele
　　　　Filleau,
I designed Montmartre's stained glass windows,
I burned down the Library of Alexandria,
And I wept with Boabdil when Isabel expelled him from
　　　　Granada.
I have been overcome by that divine insanity
at other times in my life.
And now after the tragedy
I have started to have time to be with myself,
for my pen to whisper within me
to give me wings when I die.

EN EL PARAÍSO TERRENAL

Desde que desaparecieron los dinosaurios
las Evas y Adanes salieron de la costilla
de la violencia del principio del mundo,
de las cavernas de lágrimas y sueños.
La risa no se conoció hasta después de
millones de años
igual que el canto de las ballenas.
En el paraíso terrenal
todos los Adanes y Evas fueron Caínes y Abeles,
para vivir tenían que matar.
El sol tenía ya miles de millones de años
y alumbraba las orquídeas salvajes
del paraíso terrenal.

ON EARTHLY PARADISE

After the dinosaurs disappeared
Eves and Adams emerged from the rib
from violence as the world began,
from caves of dreams and tears.
Laughter did not exist for
millions of years
and whale song.
On earthly paradise
every Adam and Eve was Cain and Abel,
forced to kill to survive.
The sun existed for billions of years
illuminating wild orchids
in earthly paradise.

EL ESPÍRITU SANTO NOS ECHÓ DEL PARAÍSO

Bella y singular esa paloma alba
para alzar el vuelo despeja la niebla.
Ella es dueña del cuerno de la abundancia del cielo,
se parece a la luz del sol.
¿Es el ave del paraíso?
¿El Espíritu Santo?
Ella nos echó del paraíso,
quemó Sodoma y Gomorra,
confundió los idiomas en Babel.
¿Por qué hizo al hombre con mala levadura?
Si nos hizo a su imagen y semejanza
¿por qué nos va a condenar al fuego eterno?
¿O es que el hombre se inventó el pecado,
el infierno y el crimen de Caín
así como yo me invento todas las mañanas
con la magia de mi imaginación
que salgo por mi ventana
como un minusválido alado
para armar mi mundo de poemas?

THE HOLY SPIRIT EXPELLED US FROM PARADISE

Beautiful and unmistakable that white dove
dispersing fog to take flight.
She is the master of the divine horn of plenty,
appearing as sunlight.
Is this the bird of paradise?
The Holy Spirit?
She expelled us from Paradise,
burning Sodom and Gomorra,
confusing the languages of Babel.
Why was man made from rotten leavening?
If we were made in his image and likeness
why are we condemned to eternal fire?
Or was man the inventor of sin
hell and Cain's crime
just as I invent myself every morning
with the magic of my imagination
I fly out my window
like a disabled man with wings
to create my world full of poems?

UN MAPA DE LAS ESTRELLAS

Un mapa de las estrellas
para saber dónde está la noche,
la osa transformada en constelación.
En el cielo cada detalle es importante.
Las estrellas tuvieron juventud
y algunas han encontrado el secreto
de cómo permanecer jóvenes.
Las estrellas no giran alrededor del sol,
se quedan sin dormir alumbrando la noche,
y al final del infinito hay un vivero de estrellas
donde comienza otro infinito.

A MAP OF STARS

A map of stars
to know where night lies,
the bear transformed into a constellation.
Every detail in the sky has meaning.
The stars were young once
and some have found the secret
to stay young.
The stars do not revolve around the sun,
they remain awake illuminating night,
And at the edge of infinity lies a nursery for stars
where another infinity ignites.

EN MI JUVENTUD LE HABLABA A LAS ROSAS

En mi juventud le hablaba a las rosas
con atrevimiento
y me contestaban con dulzura,
le tenían paciencia a lo irrespetuoso de mi amor.
Yo dormía con ellas y me hablaban dormidas,
su belleza me hizo pensar que todos los planetas
y lunas giraban alrededor de la tierra,
que Copérnico y Galileo Galilei
eran unos mentirosos,
con una imaginación desbocada..
En mi juventud fui mar profundo y transparente,
con mucha crueldad y rabiosamente dulce
y gozaba reventándome en olas
contra los farallones y las rocas.
Hablaba con los peces, las ballenas, las algas,
los caballitos de mar y los delfines.
Y todavía no sé si destrocé mi juventud amando la vida
como un condenado a muerte.

IN MY YOUTH I SPOKE TO ROSES

In my youth I spoke to roses
with audacity
and they answered me sweetly,
patient with my love's disrespect.
I slept with them and they spoke to me in their sleep,
their beauty made me think that every planet
and moon revolved around Earth,
that Copernicus and Galileo Galilei
were a couple of liars,
with wild imaginations.
In my youth I was a deep, clear sea,
full of cruelty and furiously sweet
and I took pleasure rising into waves crashing
against cliffs and rocks.
I spoke to algae, fish, whales,
seahorses and dolphins.
And to this day I know not whether I wasted my youth
        loving life
as if I had been sentenced to death.

AVE BELLA Y DISTINTA

¿Era así esta mujer o la hice con mi imaginación?
Al tocarla y presentirnos
la cambié a imagen y semejanza de Eva en el paraíso,
una ave bella y distinta en el firmamento
con mi cuerpo y mi alma en su deseo,
con el hombre y la mujer de Babel
hablándose y enamorándose hasta tocar el cielo.

Cuando ya no la quiera
y el amor se haya marchado
sentiré que no me ama,
se irá despojando de virtudes que sólo el amor ve,
hablando un idioma incomprensible
en un cielo cerrado, oculto sin estrellas
y lleno de tormentos.

BEAUTIFUL AND UNIQUE BIRD

Was this a real woman or was she a figment of my imagi
        nation?
When I touched and sensed her
I made her into the image and likeness of Eve in paradise,
a beautiful and unique bird in heaven
with my body and soul in her desire,
Babel's man and woman
communicating and loving each other to heaven.

When I no longer desire her
when love has been lost
I will feel she does not love me,
she will be stripped of love's perceived virtues,
speaking a foreign tongue
in an impenetrable sky, hidden from stars
full of torment.

CARPE DIEM

Si pierdo las esperanzas no me va a cambiar la vida
pero tengo que cambiar mi mundo con la palabra
y la poesía.

Hay que oír a las sirenas cantar,
no hay que ponerse cera en los oídos
ni amarrarse al mástil.
Hay que aprender a soñar.
Aprovechemos el día,
tomemos la felicidad por asalto,
armemos una casa de campaña para sitiarla
para no dejarla ir.

La vida es bella y se hace con los sueños,
debo poner una estrella al alcance de mi mano.

CARPE DIEM

If I lose hope my life will not change
but I have to change my world with the word
and poetry.

You have to hear the siren's song,
do not put wax in your ears
or tie yourself to the mast.
You must learn to dream.
Let us seize the day,
let us capture happiness,
let us make a fort to lay siege to it
so that it cannot escape.

Life is beautiful and is made from dreams,
I must put a star within reach.

VENDRÁ LA MUERTE

Vendrá la muerte
como una enamorada inevitable
para sacarme de la vida.
Ella sabrá cómo encontrarme,
no hay donde escapar para que no me halle,
aunque cambie de país y quiera vivir mi vida
acomodando mi edad a la belleza del mar.

DEATH WILL COME

Death will come
like a relentless lover
to take me from life.
She will know where to find me,
I will have nowhere to hide,
even though I may leave the country and try to live my
        life
resting my age in the beauty of the sea.

En la noche callada

Un sol sale todos los días de mis manos
para alumbrar los recovecos, sótanos, buhardillas
de mi examen de conciencia,
sin arrepentimiento,
sin propósito de enmienda
ni dolor de mis pecados.

Me embarqué en un barco ebrio que sudaba excesos
pero mi edad encalló el barco
y mis armas, mis pasiones, ya no pegan en el blanco,
salvo mis poemas que llevan polvo de estrellas.

Solo lo humano y lo divino movieron mi cuerpo y mi
        alma
por eso pueden contar todos mis huesos
y las magulladuras de mi alma.

No me arrepiento de nada
y volvería a repetir mi vida.

IN THE QUIET NIGHT

A sun emerges from my hands each day
to illuminate dark corners, cellars, attics,
from my soul-searching,
unapologetic,
not seeking to make amends,
without pain from my sins.

I embarked on a drunken boat oozing excess,
but my age ran it aground
and my weapons, my passions, they all miss their mark
       now,
except for my stardust-covered poems.

Only humanity and the divine moved my body and soul.
That is how to identify each one of my bones
and the bruises on my soul.

I regret nothing
and I would live the same life again.

LA INCERTIDUMBRE DE MI ALMA

Mi alma ya solo piensa en la muerte
y mi cuerpo se hace viejo,
lloran porque se acerca su separación,
su llanto me está hiriendo y tatuando el aliento,
la respiración, mi piel por dentro;
se está desvaneciendo la memoria de mi vida
llena de aventuras,
se me están manchando de sangre los brazos,
ya me cuesta ver y me cuesta oír.
Parece que no se puede tener más vida,
parece que mi contrato no puede ser renovado,
que soy deprimente, hecho de basuras,
que mi vida es una pocilga insegura.
Mi cuerpo y mi alma saben que la separación será para
        siempre.
Viene la nada para el cuerpo
y mi alma no sabe qué viene para ella.

MY SOUL'S UNCERTAINTY

My soul thinks only of death
and my body is aging,
they weep at their imminent separation,
their tears wounding me, tattooing my breath,
filling my lungs, the skin inside me;
the withering memory of my life,
full of excitement,
with my arms covered in bloody wounds,
and I can barely see or hear now.
It seems that there is no more life left in me,
that my contract cannot be renewed,
that I am depressed, rotten,
that my life is a stinking mess.
My body and my soul know that their separation will be
        eternal.
Nothingness will come for my body
and my soul knows not what the future holds.

LAS LLUVIAS DE ARENA Y SAL SOBRE EL MAR

¿Cómo hace mi alma para encontrar el camino
de regreso a casa, para llevarme vivo al final del día
como un adicto a la vida?
Mi alma y yo estamos heridos en la guerra de las rosas
que se hizo por decir que al principio del mundo
están el silencio y la soledad,
la palabra nunca dicha,
las lluvias de arena y sal sobre el mar,
el fuego apagándose y los animales muriéndose
sin memoria.
El mundo era el paraíso terrenal
y Adán y Eva eran unos animales entre los animales
no había conciencia, no había pensamiento,
para vivir tenían que matar y comerse a las serpientes.
Mi alma siempre me regresa al principio del mundo,
me vuelve al lugar de la inocencia inconmovible,
a mi casa que era el paraíso terrenal
donde los hombres
tenían el instinto animal
y el hambre de las bestias.

SAND AND SALT RAINING ON THE SEA

How can my soul find the way
home, to keep me alive through each day,
as if life itself were an addiction?
My soul and I bear wounds from the war of roses
fought for saying that in the beginning
there was silence and solitude,
the word unspoken,
sand and salt raining on the sea,
fire burning itself out and animals dying
without memory.
The world was earthly paradise
and Adam and Eve lived as animals
lacking awareness, lacking thought,
surviving by slaying and devouring serpents.
My soul always takes me back to the beginning of the
            world,
the inalterable unconscious,
my home that was earthy paradise
where human beings
knew only animal instinct
and beastly hunger.

MIS VERSOS LOS TIENE MI ALMA

Todo yo soy una masa de dolor
condenado a vivir preso al margen de la vida.
Soy un compañero de viaje que no va a ninguna parte.
La muerte tiene mis ojos
y mis versos los tiene mi alma.
Convertido en un molusco
arrastro mis dolores hasta una ventana
donde me espera una paloma de castilla
para informarme de lo que fue y ya no es,
y de lo nuevo que hay después de mi ventana
y los cipreses.

MY SOUL OWNS MY VERSES

My entire being is a heap of pain
sentenced to live as a prisoner on the border of existence.
I am a companion on a trip to nowhere.
Death owns my eyes
and my verses own my soul.
Like a shellfish
I drag my pain towards a window
where a pigeon waits
to tell me what was, what no longer is,
and what will be beyond my window
and the cypress trees.

TENGO QUE BARAJAR TODA MI VIDA

Tengo que barajar toda mi vida
para ir diferenciando los trozos donde puse mi alma,
los pedazos de ceguera, de intolerancias,
de barbaries.
Solo escribí libros que quiero borrar
con los poemas del sueño de la izquierda
donde no dije lo que debí decir
y los poemas se me quedaron verdes
en los varejones secos sin florecer;
tengo que encontrar la carne roja, viva,
cuando volví a escuchar a las aves
en la luz del primer día de la creación
y canté con mi guitarra hasta el amanecer
envuelto en la gruesa espuma de los ojos insaciables de la
          vida.
Ese primer día que es un animal que crece y crece
a través de la noche
como una virtud que te acosa con ojos desordenados,
que cría palomas y pinta el arcoíris.
Yo soy un jugador empedernido
y ahora mi alma de nuevo quiere plantar
claveles y girasoles.

I Need to Examine My Entire Life

I need to examine my entire life
to identify the bits of my soul I left along the way,
bits of blindness, intolerance,
brutality.
I only wrote books I want to erase
with poems of ideals from the left
where I didn't say what I should have said
and the poems were left green
dry stalks yet to flower;
I have to flesh out the raw meatiness
light on the first day of creation
listening to birdsong
When I sang with my guitar until dawn
wrapped in thick foam, eyes insatiable for life.
That first dawning is an animal that grows
through the night
like a virtue pursuing you with wild eyes,
to breed doves and paint rainbows.
I am an inveterate gambler
and my soul wants to again plant
carnations and sunflowers.

MI ALMA TIENE FLORES SIN PÁJAROS

Hay días que mi alma tiene flores sin pájaros,
sale al jardín sin vestirse, sin lavarse la cara,
para ver a Jesús llorando en la plaza llena de gente,
y oír a un obispo que le dice que se vaya,
que la iglesia ya no lo necesita,
que el pueblo cree en él por lo que ellos dicen de él,
por el misterio y los dogmas que han puesto en sus almas,
por el infierno tan temido,
por los ángeles y los arcángeles,
por el paraíso terrenal y la manzana,
por los pecados mortales y veniales,
porque el ángel anunció a María,
porque Dios creó a la mujer de la costilla de Adán,
"Te tienes que marchar y no regresar nunca,
nosotros predicamos la humildad
y la santidad de la pobreza
y queremos ver el milagro de tu desaparición".
Hay días que mi alma tiene flores y no pájaros.

MY SOUL HAS FLOWERS WITHOUT BIRDS

There are days when my soul has flowers without birds,
when it goes into the garden naked, unwashed,
to see Jesus weeping in the town square full of people,
to hear a bishop tell him to go on his way,
that the church no longer needs him,
that the people believe in him for what they say about
        him,
for the mystery and the dogmas they hold in their souls,
for hell, so feared,
for angels and archangels,
for earthly paradise and the apple,
for mortal and minor sins,
because the angel appeared before Mary,
because God created woman from Adam's rib,
"You must leave and never return,
we preach humility
and the holiness of poverty
and we want to see the miracle of your disappearance."
There are days when my soul has flowers without birds.

MI ALMA EN CHARENTON

I

Necesito conocer mi alma,
cómo se une con mi cuerpo, si hay complicidad,
si es un matrimonio malavenido.
¿Le gusta pecar a mi alma, así como le gusta a mi cuerpo?
¿Mueren asfixiados de tanta belleza?
¿Hay que comprar la luna y la estrella boreal o
son como unos gatos infieles que cantan y lloran,
que se traicionan?
Mi cuerpo se calienta
y se derrama con una Bella de Noche
y mi alma busca a Scherezade.
En los pequeños tumultos del salvaje oeste
los cuerpos vivían desalmados.
En las grandes soledades el alma vive con el paisaje
y con la noche llena de preguntas.

MI ALMA EN CHARENTON

I

I need to know my soul
how it becomes one with my body, if they support each
other,
if it is an irreconcilable marriage.
Does my soul like to sin the way my body enjoys it?
Are they overwhelmed by so much beauty?
Do they consume the moon and the borealis
or are they unfaithful cats singing and howling
as they betray each other?
My body heats up
and spills over with a Beauty of the Night
and my soul seeks Scheherazade.
In the tumultuous wild west
bodies lived without souls.
In vast solitude the soul lives with the landscape
and night filled with uncertainty.

II

Poseído por la lujuria mi alma se ha recluido en
      Charenton
en una celda con barrotes de hierro, desnuda,
comida de pájaros y agua de mar.

Mi vida convertida en una escena del crimen,
con los ojos manchados de sangre,
con mi Sherezade escenificando los cuentos de Pushkin,
diciéndome los poemas de Anna Ajmátova, de Osip
      Madelstam,
de Baudelaire y los cuentos de Darío y de Poe.
Cada sílaba que pronuncia es un llanto sensual,
unos números que son la verdad y la belleza.

II

Overwhelmed by lust my soul is locked away in
        Charenton
in a cell with iron bars, naked,
bird food and sea water.

My life transformed into the scene of a crime,
bloody eyes,
with my Scheherazade dramatizing Pushkin's stories,
reciting poems by Anna Akhmatova, Osip Mandelstam,
Baudelaire, and stories by Darío and Poe.
Each syllable she pronounces is a sensual weeping,
numbers that are truth and beauty.

III

Las dudas son incontables como las estrellas,
la misma existencia del hombre,
del alma, de Dios.

¿La duda creó a Dios?
Mi alma se sale a los jardines de Charenton
y habla con el ruiseñor de Keats,
con el cuerpo del Conde Ugolino,
con el alma de sus hijos,
con los ángeles de Rilke,
y ellos me dicen que sus dudas rotaron
alrededor del sol hasta que murieron.

El impulso no tiene dudas,
ni el suicida en su último instante,
ni la piedra que no siente.
El jardín de Charenton es el laberinto de Creta
y la historia del hombre es un laberinto
con un canto lejano que mantiene el horizonte.

III

Doubts countless as stars
the very existence of man,
the soul, God.

Did God create doubt?
My soul goes out to Charenton's gardens
and speaks with Keat's nightingale,
with Count Ugolino's body,
with the soul of his children,
with Rilke's angels,
and they tell me that their doubts
circled the sun until they died.

Impulse has no regrets,
like suicide at the very last moment,
like the rock that cannot feel.
Charenton's garden is the Cretan labyrinth
and the history of man is a labyrinth
with a distant song that draws the horizon.

¿POR QUÉ TANTA LUZ EN LA NOCHE?

El hombre también ha querido matar una estrella,
siempre es débil y cruel,
perseguido por la noche,
con miedo al dolor;
sus sueños viven en un bosque escondido,
habla y habla sobre el amor
como una ola que se repite en el mar.
No puede ser feliz siendo un pequeño Dios en la proa de
        un barco
sin saber adónde va,
siendo un Stradivarius con cuerdas de hielo y sangre.
El hombre es un vecino apagado de la luz del universo,
callado y solo
que creé que puede tapar la luna con su mano y
        preguntarse:
¿Por qué hay tanta luz en la noche?

WHY IS NIGHT SO LUMINOUS?

Man has also dreamt of shooting down a star,
as always, he is cruel and weak,
persecuted by night
fearing pain;
his dreams dwell in a secret forest,
he goes on and on about love
like a repeating ocean wave.
He cannot be happy as a little God on the bow of a boat
not knowing where he is headed,
a Stradivarius with strings of ice and blood.
Man is a neighbor extinguished from universal light,
quiet and alone
thinking he can block the moon with his hand as he asks
  himself:
Why is night so luminous?

EL CIELO ES EL MAR DE LA TRANQUILIDAD

Haya lumbreras en la expansión de los cielos, dijo Dios.
Cada final es un nuevo comienzo,
primero el fuego, luego la lluvia,
el hombre comiendo girasoles
y miles de hombres, escarbando la tierra,
se van al fondo del mar.
El cielo es el mar de la tranquilidad
y la expansión del infinito llena un vacío que no existía,
será como mantener vivo un milagro
con burbujas azules en las estrellas nuevas.

HEAVEN IS THE SEA OF TRANQUILITY

Let there be stars in the vastness of heaven, said God.
Each ending is a new beginning,
first fire, then rain,
man eating sunflowers
and thousands of men, excavating earth,
reach the bottom of the sea.
Heaven is the sea of tranquility
and infinity's expanse fills an emptiness that never was,
it will be like keeping a miracle alive
with blue bubbles on new stars.

LA SOLEDAD

La soledad es el infierno del cielo,
se te vienen encima las culpas, los arrepentimientos,
lo que hubieras hecho y no hiciste, la sangre derramada
con tu navaja pendenciera arrepentida, roja la sangre.
Cortaste la corteza de la piel, la herida.
En la soledad hablas con la piedra y te contesta,
hablas con los muertos, se reviven humo y polvo,
el fuego fatuo buscando que lo recuerden insistiendo
en la vida, cuidando la muerte.
Esos pasos en la soledad de la noche.
La soledad te sigue, entra y sale de tu cuerpo
hecho a su medida.
El miedo se le mete a la soledad como un pájaro
en llamas que sin volar te invade y te dice la verdad.
Pero también te enseña el secreto de tu alma,
la palabra que nunca dijiste.

SOLITUDE

Solitude is hell to heaven,
you are overwhelmed by shame, regrets,
what you would have done but didn't, blood spilled
with your bellicose, now repentant knife, red blood.
You sliced the surface of the skin, the wound.
In solitude you speak to the rock, and it answers,
you speak to the dead, they come back to life smoke and
       dust
mere whim desiring memory insistent
on life, staving off death.
Those steps taken in nocturnal solitude.
Solitude pursues you, coming and going from your body
built for it.
Fear pierces solitude like a bird
in flames that fills you and speaks truth to you.
But it also shows you the secret of your soul,
the word you never uttered.

EL ORO ES UN DOLOR QUE NO CESA

No amo a los árboles oscuros, sin color,
ni el brillo del oro, su infierno indestructible
como la muerte.
El oro es un dolor que no cesa, está en el crimen,
lo hace todo imperfecto,
el amor al oro te hace llegar tarde a la cama del enfermo,
el oro no conoce la poesía, la música, la danza,
la escultura, el amor, la amistad, el canto de los pájaros.
Los poetas franciscanos del siglo XIII
(según Federico de Ozanan)
amaron la la poesía, la humildad y la pobreza,
Fray Luis de León amó la poesía y no la riqueza.
El oro sangra, humilla, prostituye, mata,
a la verdad la hace mentira.
Keats murió en la soledad sin dinero,
Van Gogh tenía girasoles y mucho cielo estrellado
en la imaginación de la riqueza de su alma.
No se pueden contar los horrores que ha causado el oro
        al amor,
Sería más fácil contar las arenas del desierto,
más fácil contar las estrellas del infinito.

GOLD IS AN INCESSANT ACHING

I have no love for dark, colorless trees
or gold's brilliance, its indestructible hell
comparable to death.
Gold is an incessant aching, implicated in crime,
corrupting everything,
love for gold makes you late to the sick person's bedside,
gold is oblivious to poetry, music, dance,
sculpture, love, friendship, songbirds.
Franciscan poets from the 13th century
(according to Frédéric Ozanam)
loved poetry, humility, and poverty,
Luis de León loved poetry, not riches.
Gold bleeds, humiliates, prostitutes, kills,
it turns truth into lies.
Keats died in solitude, penniless,
Van Gogh kept sunflowers and so much starry night
in his soul's rich imagination.
The horrors that gold has caused love are incalculable,
It would be easier to count all the grains of sand in the
        desert,
easier to count infinite stars.

¿QUÉ HAY ADELANTE EN EL GRAN SUR?

¿Qué hay adelante en el gran sur?
¿Peces naranja?
¿El viento y el silencio?
El gran sur está solo, como yo
con una hermosa luna despiadada devorándome,
como el capitán Ahab perdido en los mares del sur
cazando una ballena blanca.
Viajar lejos por el poder del mar.
Adentro del gran sur están las soledades,
la música de un violonchelo íngrimo,
la ceguera y el deslumbramiento.
El resto de mi vida me ocuparé en escoger la arcilla
con que moldearé mi ceguera, mi soledad, mi aliento
para viajar a las islas boreales
donde me espera la muerte.

WHAT LIES AHEAD IN THE GREAT SOUTH?

What lies ahead in the great south?
Orange-colored fishes?
Wind and silence?
The great south lies abandoned, as do I
while a beautiful, relentless moon devours me,
like Captain Ahab lost in the southern seas
hunting a white whale.
Traveling far with the powerful sea.
The great south holds the solitudes,
music from a lone cello,
blindness and bedazzlement.
I will devote my final years to choosing the clay
to mold my blindness, my solitude, my breath
to travel to the boreal islands
where death awaits.

LOS DEMONIOS SOLO TOCAN LA SOBERBIA
DE LA VIDA

Temo a los demonios que me he creado,
aunque los demonios solo toquen la soberbia de la vida
y nunca la humildad de la muerte.
Los demonios del placer, de la embriaguez, del amor,
de la ira, de la belleza,
que te hacen perder los sentidos
y tocar el advenimiento del terror, el crujir de dientes.
¿Me los he creado yo
o ya vienen con el alma humana?
Yo no conozco el demonio del odio.
Pero el placer, la embriaguez, el amor, la belleza,
también tienen dioses para juntar tu alma con tu cuerpo,
para que cantes como un ruiseñor
con un extravagante espíritu loco de amor.

DEMONS CAN ONLY REACH LIFE'S ARROGANCE

I fear the demons I have created for myself,
even though demons can only reach life's arrogance
and never death's humbleness.
Demons of decadence, drunkenness, love,
hate, beauty,
that make you lose your mind
and take you to the verge of terror, the gnashing of teeth.
Did I create them
or do they come with a human soul?
I do not know the demon of hate.
But decadence, drunkenness, love, beauty,
they too have gods to join your body and soul,
for you to sing like a nightingale
with an extravagant spirit crazy in love.

¿CUÁNDO NOS REGRESAMOS A LA LUNA?

¿Cuándo nos regresamos a la luna, Amor?
Aquí solo disgustos tengo,
nos hablan con gruñidos,
vivimos y morimos siempre sobre un charco de sangre.
Allá lejos se mete el sol en el mar
y ahoga el día que no tuvo piedad ni ternura.
En cambio, la luna, las estrellas,
Orión, Alfa Centauris, los hoyos negros
que te llevan a otros firmamentos;
los meteoritos con colores de gemas gigantes, brillantes,
que tienen una belleza sorprendente,
incomparable,
como la de los ángeles,
y todo el cielo, el firmamento, el infinito,
están hechos de sueños,
que es donde quiero que vivamos.

WHEN WILL WE RETURN TO THE MOON?

When will we return to the moon, Love?
I feel only discontent here,
speaking to us in groans,
we live and die forever in a pool of blood.
There in the distance the sun sets in the ocean
and drowns the day that showed neither pity nor
        tenderness.
Whereas the stars, the moon,
Orion, Alpha Centauri, black holes
that take you to other horizons;
meteorites with colors of gigantic, brilliant gems,
with dazzling beauty,
incomparable,
like angels,
and all of heaven, the horizon, infinity,
are made of dreams,
that is where I want us to live.

MI FLOR DE JAZMÍN
(MI ÚLTIMO POEMA A SIMONETTA)

Mi flor de jazmín tiene un alma como la mía
y me habla con la corona borealis
y las sombras luminosas de la lengua de su imaginación.
No es feliz, su ambición se devuelve como la ola.
Yo quiero contarle secretos, amores hechos de pan,
de níspero y de vainilla,
y morderla suavemente con mis dientes de leche y luna.
Ella no quiere que la ame.
Hasta ahora ha preferido
dormir con el que la enamore, tener y no tener,
solo ser fiel a sí misma.
Ella sabe que se destruye como un barquito de papel en el
        aguacero.
Mi flor de jazmín tiene un alma como la mía
pero como error de la vida decidió no amarme.

MY JASMINE FLOWER
(MY FINAL POEM FOR SIMONETTA)

My jasmine flower has a soul that resembles my own
and speaks to me with the corona borealis
and illuminated shadows in the language of her
        imagination.
She is unhappy, her ambition lapping like waves.
I want to tell her secrets of love made of warm bread,
níspero fruit, and vanilla,
and to nibble her softly with my teeth of cream and
        moonbeams.
She does not want my love.
Thus far she has preferred
sleeping with whoever seduces her, doing with or
        without,
being true only to herself.
She knows she is a wreck, like a paper boat in a
        rainstorm.
My jasmine flower has a soul that resembles my own
but she made the mistake of her life choosing not to
        love me.

REPITIENDO MI PASADO

El pequeño mundo que vivo en mi cuarto de enfermo
también lo habitan el amor y la muerte.
Yo pertenezco a la servidumbre del amor,
le hago caso en todo,
no me atrevo a contradecirlo.
Por aquí pasan mis abstinencias y mis gulas,
el dolor cuando me traicionaron,
mi corazón desgarrado por el divorcio de mis padres,
el desorden dilatado de buscar un alma y un cuerpo
en la niebla joven e insaciable.
Aquí ahora leo, oigo a los clásicos, a Bach,
a Beethoven, todas las mañanas los grandes maestros,
todos los días repitiendo mi pasado,
adivinando qué hay después de la muerte.

RELIVING MY PAST

The little world I inhabit confined by illness to my room
is one I share with love and death.
I am a slave to love,
obeying it in every way,
never daring a contradiction.
My abstinence and my gluttony reside here,
hurt when I was betrayed,
heartbroken when my parents divorced,
turmoil prolonged as I sought a body and a soul
in a daze, insatiable and young.
Now I read here and listen to the classics, Bach,
Beethoven, the great masters every morning,
reliving my past each day,
imagining what comes after death.

REFUGIADO EN LAS PREGUNTAS

Otra vez me despierto y veo el pequeño mundo en el que
        vivo,
otra vez mi desasosiego, mi angustia, el regaño,
otra vez la soledad, los pájaros en mi ventana,
y yo parado sobre el abismo sin saber por qué.
Y vuelvo a refugiarme en las preguntas:
¿Por qué Dios nos hizo tan imperfectos?
¿Cuál es nuestra misión en el mundo?
¿Por qué Dios nos creó con capacidad de odiar?
¿Por qué hay tanta crueldad, tanta guerra?
¿Por qué empezamos la Historia con el crimen de Caín?

WRAPPED IN QUESTIONS

Again, I awaken to see the little world I inhabit,
Again, my misgivings, my anguish, my regrets,
Again, solitude, birds at my window,
And I stand over the abyss not knowing why.
And, again, I wrap myself in questions:
Why did God make us so imperfect?
What is our purpose in the world?
Why did God give us the power to hate?
Why is there so much cruelty, so much war?
Why did we begin History with Cain's crime?

VEN, AMOR, A ESTA EDAD NOS QUEDA BIEN VIVIR SIN MIEDO A LA SOLEDAD

Ven, amor, a esta edad nos queda bien la locura,
salir a la calle sin saber adónde ir,
vivir sin miedo a la soledad.
Recordemos lo que nos hizo felices, la juventud,
las pasiones, los paisajes, los viajes, las lecturas;
afirmemos nuestro amor a la libertad,
a la igualdad de los seres humanos.
Y permíteme hacerte unas preguntas:
¿Estás debajo de mi almohada o debajo de mi
queriendo meterte en mi alma?
¿Estás en el aire o antes del aire?
¿Será que quieres el éxtasis?
¿Soy yo la ofrenda y tú la profundidad del cielo y mi alba?

AT OUR AGE LIFE WITHOUT FEAR OF SOLITUDE SUITS US

Come, love, at our age madness suits us,
going out with nowhere to go,
living without fear of solitude.
Let's remember what gave us joy, youth,
passions, landscapes, travels, readings;
let's reaffirm our love of freedom,
of human equality.
And allow me to ask you a few questions:
Are you under my pillow or under me
trying to get inside my soul?
Are you in the air or prior to air?
Could you be seeking extasy?
Am I the offering and you heaven's depth and my dawn?

LA PESADA FRAGANCIA DE LA MUERTE

La pesada fragancia de la muerte
en la belleza y la crueldad de la caída de los mares.
Desaparecen los sueños,
los apetitos, las heridas, el desorden.
Empiezo a recorrer, con Virgilio,
el infierno, el purgatorio y el cielo,
a reconocer la imaginación del pecado y la virtud,
la libertad de Adriano
que vivió cuando no había dioses
y Cristo no había aparecido.
Las orquídeas adornando la muerte
y el muerto empieza a desaparecer,
a despegarse de la memoria

THE PUNGENT AROMA OF DEATH

The pungent aroma of death
in the beauty and cruelty of the oceans' ebb.
Fading dreams,
desires, wounds, disorder.
I begin my journey, beside Virgil,
through hell, purgatory, and paradise,
to comprehend the imagination of virtue and sin,
Adriano's freedom,
life when there were no gods
and Christ had yet to appear.
Death adorned in orchids
as the world begins to fade,
departing memory.

RETRATO DE FAMILIA

Quisiera ver la vida como si valiera la pena,
así como toco la tierra,
que es más antigua que los dioses,
pero veo la foto que nos tomó mi hija Gloria,
donde mi hijo Camilo me está rasurando la cabeza
porque estoy con cáncer,
botando el pelo por la quimioterapia.
Tengo una cara igualita a la de mi padre.
Vi su alma en la mía, derrotado,
con la tristeza original de una vida trunca.
Esa es la única foto donde me parezco a mi padre,
cuando Mario Flores Ortiz le dio choques eléctricos en el
        cerebro
y le quitó la lucidez y la alegría al poeta,
al pintor, al músico, al cantante,
al director de teatro, al coleccionista de arte,
al parrandero, al habitante de los cinco continentes del
        arte,
al bohemio, al amante de la belleza.
En esa foto está mi padre poniendo su cara en la mía
añadiendo el troquel de su dulzura,
de su derrota y su tristeza
a mi cara con esa horrenda enfermedad.

FAMILY PORTRAIT

I would like to find some value in living,
like having my feet firmly planted on the ground,
more ancient that the gods,
but I see the photo of us that my daughter Gloria took,
where my son Camilo is shaving my head
because I have cancer,
losing my hair from chemotherapy.
My face looks just like my father's.
I saw his soul through mine, broken,
in the sadness that comes from a truncated life.
That is the only photo where I look like my father,
when Mario Flores Ortiz used electric shocks on his brain
and drained him of all lucidity and joy, the poet,
painter, musician, singer,
theater director, art collector,
carouser, resident of art's five continents,
bohemian, lover of beauty.
In that photo my father's face is transposed onto mine
adding his touch of tenderness,
his failure, and his sadness
on my face with that horrendous illness.

HAY ÁNGELES QUE VIVEN EN LA PÚRPURA DEL MAR

Hay ángeles que viven en la púrpura del mar
mimados por la noche,
y otros que viven en la ciudad de las palomas.
Los ángeles son testigos
de cuándo Homero sangró su alma
y creó las estrellas del universo,
vieron el milagro cuando Homero tocó su corazón
y viajó con dioses, peces, sirenas y hombres
cansados por la guerra.
Homero necesitaba que lo ayudaran con su tristeza.
Hablaba cuando dormía,
se arrancaba las uñas,
decía que volaba con un pedernal
y que él, lleno de ira, había destruido el paraíso
terrenal.
Homero cantaba con los ángeles,
cantaba y escribía con los ángeles

THERE ARE ANGELS LIVING IN THE PURPLE SEA

There are angels living in the purple sea
caressed by night,
and others who live in the city of doves.
Angels bear witness
to when Homer bled from his soul
and created the stars in the universe,
they saw the miracle when Homer touched their heart
traveling with gods, fish, sirens, and men
weary from war.
Homer needed their help with his sorrow.
He talked in his sleep,
tearing out his fingernails,
saying that he soared with flint,
and that, in a rage, he had destroyed earthly paradise.
Homer sang to Angels,
singing and writing like Angels.

TAMBIÉN VIVO MARIPOSAS Y ANILLOS MÁGICOS

Tranquilo como un bosque cubierto de musgo
con vientos impetuosos y dragones
y mariposas y anillos mágicos
y grandes ríos y mares de agua dulce
con peces transparentes.
A la vera del bosque, enraizado en el bosque,
hay un volcán que tiene una erupción interior,
con inmensas profundidades de lava roja hirviendo,
llamas de fuego y gritos de dolor;
es la puerta del infierno.
Así viven en mi alma, en mi mente, en mi imaginación,
la virtud y el pecado, el sosiego y la angustia,
Ariel y Caliban.

My Life is Also Butterflies and Magic Rings

Peaceful like a moss-covered forest
with gusty winds and dragons
butterflies and magic rings
great rivers and sweet seas
with transparent fish.
At the forest's edge, deep within,
lies a volcano erupting at its core,
an immense depth of boiling red lava,
flames of fire and painful cries;
hell's door.
This is how virtue and sin, stillness and anguish,
Caliban and Ariel,
inhabit my thoughts, my imagination, my soul.

YA NO VEREMOS LA ANDRÓMEDA

Ahora es muy difícil ser feliz
con el rojo espeso del odio en las calles.
Hay que prepararse para la muerte,
darle pensamiento a la soledad.
Nadie sabe lo que va a pasar en este mundo,
nadie sabe lo que hay después de la muerte.
Somos criaturas ciegas, desamparadas,
heridos por la magia de la vida.
Ese instante de la muerte se viene creando
desde el milagro del nacimiento.
¿Cómo vamos a bajar a la soledad infinita?
Ya no veremos el sol ni las noches estrelladas,
ya no veremos la Andrómeda.
Volvemos a la tierra para que se deshaga
nuestro cuerpo,
para volver a nacer como un lirio, como un ruiseñor,
como un gusano de seda, como una hormiga
entre las hormigas.
Lloré a Baudelaire, a Keats, a Whitman, a Rubén,
lloré a mis padres, a mis amigos,
y yo voy a tener quien me llore.
Pero ya no me voy a dar cuenta, Dios mío,
ya no estaré entre los que ven, oyen y olvidan.
Estaré sólo en mis poemas
para que mi amor siga viviendo entre los vivos.

WE WILL NO LONGER SEE ANDROMEDA

It is very hard to feel joyful now,
such thick red hatred in the street.
You have to prepare for death,
give solitude some thought.
No one knows what will happen in this world,
No one knows what lies after death.
We mortals are blind, helpless,
wounded by life's magic.
Death begins at that very instant
from the miracle of birth.
How will we retreat into infinite solitude?
We will no longer see the sun or starry nights,
We will no longer see Andromeda.
We will return to dust, our bodies
crumbling,
to be reborn as a lily, a nightingale,
a silkworm, an ant
surrounded by ants.
I wept for Baudelaire, Keats, Whitman, Rubén,
I wept for my parents, my friends,
as others will weep for me.
But I will not be here to see it, my God,
I will not be among those who see, hear, and forget.
I will only exist in my poems
for my love to live on among the living.

PLATÓN Y ARISTÓTELES VAN Y VIENEN CUCHICHEANDO

A Bianca Jagger

Vivimos en un mundo inmaduro con gente sorda.
Platón y Aristóteles van y vienen cuchicheando
y lloran cuando nos oyen.
Se sienten amenazados, vulnerables cuando salen a la
      calle.
Las ideas de esta multitud son peligrosas
no conocen el abecedario del amor a los pájaros,
a las flores salvajes,
a las estrellas que crean la noche en el infinito,
a la intensidad de un trozo de azul del cielo
no creen que los ángeles leen
Las Elegías de Duino de Rainer María Rilke.

PLATO AND ARISTOTLE WANDER
ABOUT MURMURING

To Bianca Jagger

We inhabit an unsophisticated, tone-deaf world.
Plato and Aristotle wander about murmuring,
weeping when they hear us.
They feel threatened, vulnerable when they go out and
         about.
Danger lies in the ideas of this horde
unaware of the language of love of birds,
of wildflowers,
of stars that make up the infinite night sky,
of the intensity held in a glimpse of heavenly blue.
They do not believe that angels read
Rainer María Rilke's Duino Elegies.

POR LA BELLEZA YO SEMBRÉ
EL ÁRBOL TORCIDO QUE SOY

Por la belleza yo sembré el árbol torcido que soy.
En el risco lo sembré.
En lo profundo del mar lo planté.
Lo regué con la sangre caliente de la belleza,
de la lujuria,
del jazmín que se abre cuando cae la noche,
de la dulzura, la seducción,
del pensamiento, la palabra y la obra
que hacen temblar al universo.
La llama del árbol cobra vida,
la casa del árbol respira
y mis pecados quitan la piedra
donde reclinar la cabeza.

I Planted This Twisted Trunk of Mine in the Name of Beauty

I planted this twisted trunk of mine in the name of
  beauty.
I planted it on a cliff.
I planted it in the deep sea.
I watered it with beauty's ardent blood,
with lust,
with jasmine that opens at dusk,
with sweetness, seducing,
in thought, word, and deed,
that make the universe tremble.
From the tree, passion comes to life
from the tree, the house takes its breath
and my sins remove the stone
where I lay my head.

TÚ ERES MI HOY Y MI ALBA

Tú eres mi hoy y mi alba.
¿Qué es eso púrpura en llamas?
¿Es un aire tibio que quiere meterte en mi pasado?
No, no existe el pasado.
No, tú eres mi hoy con la primavera en tu boca,
mi botón de rosa, mi perfume de gardenia.
El Paraíso Terrenal era un desierto
y tú eras el único árbol hembra
produciendo el fruto de la belleza,
de la imaginación, de la lujuria.
Alzabas el brillo de tus ojos y abrías tus alas
así como se abre el cielo por un relámpago
para ver mi amor en tu futuro,
para sentirte siendo mi hoy todos los días de mi
vida.

YOU ARE MY PRESENT AND MY DAWN

You are my present and my dawn.
What is that purple burning?
Is it a warm haze to make me forget you?
No, the past does not exist.
No, you are my present with your mouth full of spring,
my rose blossom, my gardenia scent.
Earthly Paradise was a desert
and you are the only female tree
to bear the fruit of beauty,
imagination, lust.
Your eyes lit up as you opened your wings,
the way that lightening opens the heavens
to see my love in your future,
to feel you, my present moment, each day of my
life.

LA EDAD COBRA LOS PLACERES

El mundo y la carne
me llevaron al fondo del infierno.
La edad cobra los placeres,
mírame, mis flores amarillas fueron de colores
brillantes,
en la noche y en el día se sentía su aroma, su vida,
y ahora nadie las corteja,
no son intrépidas como antes.
Las mariposas y los pájaros conocieron mi hoguera.
Ahora estoy cubierto de cenizas,
ya no bebo hasta el amanecer,
ya no hago el amor hasta perder los sentidos.
Ahora mis dulces son amargos
y solo me queda suspirar
cuando me hiere la belleza.

AGE DRAINS EVERY PLEASURE

The world and flesh
took me to the depths of hell.
Age drains every pleasure,
look at me now, my flowers used to be bright yellow,
colorful,
giving off fragrance at all hours of the day and night
and now no one tends to them,
they have lost their luster.
Birds and butterflies met my burning passion.
Now I am covered in ash,
no longer drinking all night long,
no longer making love until I pass out.
It is bittersweet now
when beauty pierces me
and I can merely sigh.

LOS PÁJAROS Y LOS SUEÑOS

A veces hay pajaritos de orgulloso plumaje,
que se meten en mis sueños,
entran como aves del paraíso, azul, rojo, bermellón,
entran al planeta de la invención de la memoria,
de los recuerdos, de lo mágico, de lo sagrado,
entran al planeta adonde realizamos lo imposible,
yo volé con un elefante con una pluma en la mano,
hablé con la Pollita Lorimer, con Whitman,
con Edgard Poe, con Charles Baudelaire.
El planeta de la invención de la memoria
no es redondo, no tiene límites;
es el planeta de las ansias infinitas,
tiene todo lo que has visto, lo que has imaginado,
lo que has vivido.
Los sueños son como los hoyos negros que hay
en las galaxias
adonde entra todo y todo se queda allí adentro.

BIRDS AND DREAMS

On occasion birds with enviable plumage
fly into my dreams,
birds of paradise, blue, red, scarlet,
enter the planet where memory,
magic, sacred, remembering were invented.
They enter the planet where the impossible happens,
where I flew with an elephant with a quill in my hand,
speaking with Pollita Lorimer, with Whitman,
with Edgard Poe, with Charles Baudelaire.
The planet where memory was invented
is not round, it has no limits;
the planet of infinite yearning,
with everything you have ever seen, or imagined,
or lived.
Dreams are like black holes found throughout
the galaxies
where everything enters and remains within.

EL VIENTO SOPLABA BURBUJAS AZULES

El mar llovió sobre el cielo durante cien años
igual que el Diluvio,
el viento soplaba burbujas azules,
los camarones y los hipocampos se quedaban
prendidos de las gotas de lluvia por años
y los delfines aprendieron el sabor del pensamiento.
Cuando paró de llover
el cielo se quedó mojado por siglos
y los pulpos, los tiburones, los peces transparentes
y con miles de colores y rayas sensuales
y deslumbrantes como de un sueño
no sabían si quedarse nadando en el cielo
o regresar a las pequeñeces de los mares.
Los animales del mar nadando en el cielo
también se sentían pájaros que volaban
y podían posarse en los luceros y jugar con los
ángeles.
La libertad de los animales del mar en el cielo
abarcaba el infinito
y hablar con los ángeles y tocar las estrellas
les dio una felicidad inconmensurable.

Todo esto sucedió hace miles de años.
Los astrólogos, los arqueólogos los historiadores
dicen que el mar llovió sobre el cielo
porque la tierra existió durante miles de años
con el cielo debajo de los mares.

THE WIND BLEW BLUE BUBBLES

The sea rained from the sky for a hundred years
just as in the Flood,
the wind blew blue bubbles,
while shrimp and seahorses
clung to raindrops for years
and dolphins learned to savor thought.
When the rain ended
the sky dripped for centuries
as octopuses, sharks, and transparent fish
with thousands of colors and sensual stripes
dazzling like a dream
knew not whether to continue swimming in the sky
or return down to the sea.
Sea creatures swimming in the sky
felt like birds in flight
able to alight on stars and play with
angels.
The freedom of sea creatures in the sky
reached infinity
and to speak with angels and touch the stars
gave them boundless joy.

This all happened thousands of years ago.
Prophets, archeologists, historians
all say that the sea rained from the sky
because earth existed for thousands of years
with the sky beneath the sea.

LA LUNA Y SUS AMORES

A mis amigos Antonio Gala
y José María Velázquez-Gaztelu

¿Estas oyendo cantar a los ruiseñores?
¿Te das cuenta lo que contestan las rosas?
¿Has visto a los amantes leer a Lorca
con la luz de la luna inmensa?
Enrique el Cojo le bailaba a la luna
y Carmen Amaya era la luna en la tierra.
A la luna no le gusta salir de día,
se esconde en el día,
ella no quiere que la vean con sus enamorados,
no le gusta que la retraten con sus amores.
Todos los gitanos llevan a la luna en su sangre,
se sienten rotos cuando no están con ella
y recorren el mundo con collares y anillos blancos
y unas enaguas coloreadas con el color de la suerte
sabiendo que su patria es la luna
y que por ella se juegan la vida
con un cuchillo de plata.
A la luna le gusta la lírica de amor
como un aire conmovido
que usan los ruiseñores y las rosas místicas,
la luna se sabe de memoria los poemas de Lorca
y todos los poemas y cantos que le han hecho
sus enamorados.

THE MOON AND HER LOVERS

To my friends Antonio Gala
and José María Velázquez-Gaztelu

Can you hear the nightingales' song?
Do you understand how the roses respond?
Have you seen lovers reading Lorca
in bright moonlight?
Enrique el Cojo danced for the moon
and Carmen Amaya was moonlight on earth.
The moon prefers not to appear during the day,
hiding from daylight,
choosing not to be seen with her lovers,
not wanting to be painted beside them.
All gypsies carry the moon in their blood,
heartbroken when they are not with her
as they wander the world with necklaces, white rings
and colorful petticoats
knowing the moon as their homeland
willing to risk life and limb for her
with a silver knife.
The moon is fond of lyrical love
like a dramatic performance
given by nightingales and mystical roses,
the moon knows Lorca's poems by heart
and all the poetry and song made for her
by her lovers.

MI ENCUENTRO AFORTUNADO

Tuve un afortunado encuentro con los cisnes
que marcó toda mi vida,
un momento milagroso entre el lago y el bosque.
Ellos inventaron la quietud.
Los cisnes saben ver adentro del alma
porque no conocen la ira,
son espirituales.
Yo iba caminando sobre el agua al lado de los cisnes,
hablé con ellos y sentí que toqué la eternidad,
que había vivido siglos en un éxtasis de la divinidad
donde solo cabíamos el amor y yo.

MY FORTUNATE ENCOUNTER

I had a fortunate encounter with swans
that marked me for life,
a miraculous moment between lake and wood.
Inventors of serenity,
swans can see through to your soul
because they know no hate,
they are spiritual beings.
As I walked along the water beside the swans,
I spoke to them, as though I had touched eternity,
as though I had lived for centuries in a state of divine
        extasy
that could hold only love and me.

ME MONTÉ EN UN CABALLITO AMARILLO

Me monté en un caballito amarillo
para ir a preguntarle al cielo cómo
quemar las puertas del infierno.
Y en un sueño me contestó la indulgencia
que la poesía era libre como los colores
o las manos de Rodin,
que hicieron y rompieron las puertas del infierno
con el cuerpo de Ugolino y sus hijos,
como una minera que cava hoyos profundos
con sus uñas
y solo encuentra desperdicios sin memoria,
hielo azul de la Antártida,
rosas de cera en mi corazón
montado en un caballito manchado de rojo.

I RODE A PALE PONY

I rode a pale pony
on the way to ask heaven how
to burn down the gates of hell.
And in a dream indulgence answered
that poetry was as free as color
and Rodin's hands
that built and tore down the gates of hell
with the body of Ugolino and his sons,
like a Minerva burrowing deep holes
with her fingernails
finding only scraps without memory,
blue ice in the Antarctic,
wax roses in my heart
riding a pony painted with red.

¿QUÉ HACE LA LUNA SIN TU BELLEZA?

¿Qué hace la luna sin tu belleza?
¿Sabe que mordías la flor de la cereza?
Tú perteneces al reino de los mirlos
defendido por un bosque de cipreses
que te llevan de la mano.
Solo tú, amada Reina de las Hadas,
estas en el azul lista para volar
para asediar a una estrella,
pero que no se demoren tus labios
al probar la dulzura de su luz en la noche,
muérdela así como a las cerezas y los melocotones,
muérdela como a mi alma inquieta y desequilibrada,
pégale el diente a la luna también
para que sepa, como yo,
cómo es tu pasión de mujer enamorada.

WHAT IS THE MOON TO DO WITHOUT YOUR BEAUTY?

What is the moon to do without your beauty?
Does it know you took a bite of the cherry flower?
You belong to the realm of blackbirds
protected by a forest of cypress trees
that lead you by the hand.
Only you, beloved Queen of Fairies,
are surrounded by blue, ready to fly
in pursuit of a star,
but may your lips not linger
as they taste the sweetness of night's radiance,
bite it as you would cherries and peaches,
bite it as you do my restless, troubled soul,
sink your teeth into the moon while you are at it
for it to know, as I,
your passion, a woman in love.

ZONAS SAGRADAS

He estado recordando el poema
de Alberto Ordóñez Argüello,
El regreso del poeta a su pueblo,
donde se pregunta, desolado, qué se hicieron
y empieza a mencionar los nombres, los apellidos,
las familias, los amigos, a todos los que amó
que eran la personalidad de su pueblo, su historia,
sus anécdotas, su elegancia, su pobreza.
El poeta Ordoñez recorre un pueblo en su memoria
y camina en otro que no reconoce,
que no tiene el olor, el saludo, las risas, las pulperías,
las que se pintan con corchitos quemados,
quienes conocieron a sus bisabuelos.
El poeta Ordoñez camina en su memoria,
como yo en Granada, en zonas sagradas
que ahora se volvieron invisibles.

SACRED ZONES

I have been thinking of the poem
by Alberto Ordóñez Argüello,
the poet returning to his hometown,
asking himself, distraught, what happened
as he starts going over the names, the surnames,
the families, the friends, everyone he loved
who were the life of the town, its history,
anecdotes, style, modesty.
Ordóñez the poet visits a town in his memory
and walks around one he does not recognize,
without the familiar scent, the welcoming feel, laughter,
corner grocers,
women who used burnt corks for make-up,
the ones from his great-grandparents' generation.
Ordóñez the poet wanders through his memory,
as I do in Granada, through sacred zones
that have disappeared.

DIONISIO Y APOLO

A Noel Rivas Bravo y Miguel Polaino

Dionisio y Apolo
son las dos caras de una misma moneda,
en una cara aparece Dionisio
con el cuerno de la abundancia y la embriaguez,
en la otra luce Apolo con lirios, anémonas y orquídeas.
Regalan la identidad de la dulzura.
Son el origen de la tragedia,
nacieron cuando Adán y Eva fueron expulsado del
            paraíso,
ya venía dentro de ellos.
Son el origen de la verdad y la mentira,
están en la guerra y en la paz,
en lo justo y en la injusticia,
estuvieron con los judíos en el desierto y cruzando el mar,
construyeron las pirámides de Egipto, de Tikal,
hicieron la Biblioteca de Alejandría.
Me gustan cada una de las sonrisas dionisíacas y báquicas;
¡Ay! las bacantes que embriagan y hacen el amor con la
            belleza;
fundaron Troya, Bizancio, Constantinopla y Estambul
y escribieron las mejores obras de la literatura universal
mientras vivimos el infierno, el purgatorio y el cielo
antes de morir.

DIONYSUS AND APOLLO

To Noel Rivas Bravo and Miguel Polaino

Dionysus and Apollo,
two sides of the same coin,
one side shows Dionysus
with a cornucopia and drunkenness,
and the other displays Apollo with lilies, anemones, and
      orchids.
They offer the essence of sweetness.
As the origin of tragedy,
they were born when Adam and Eve were expelled from
      paradise,
emerging from them.
They are the origin of truth and falsehood,
part of war and peace,
justice and injustice.
They accompanied the Jews in the desert and across the
      sea.
They built the pyramids in Egypt, in Tikal.
They founded the Library of Alexandria.
I appreciate every Dionysian and Bacchante smile;
Oh! the intoxicating bacchantes who make love to beauty;
founders of Troy, Byzantium, Constantinople, Istanbul
writing world literature's greatest works
while we live through hell, purgatory, and paradise
before we die.

¿QUÉ HAY DETRÁS DE LAS ESTRELLAS?

¿Qué hay detrás de las estrellas?
Solo allí existe la nada y
los arcángeles velan porque esa nada sea inviolable.
Detrás de las estrellas hubo un universo igual al nuestro
pero fue desapareciendo,
así como desaparecieron los dinosaurios en la tierra
y solo nos quedó el bramido de los bisontes,
el dulce trino de los ruiseñores
y un profundo mar azul.

WHAT LIES BEHIND THE STARS?

What lies behind the stars?
Only nothingness exists there
protected by archangels for that nothingness to remain
   inviolable.
Behind the stars was a universe equal to our own
but it vanished,
just as dinosaurs vanished from the earth
leaving us only with bellowing bison,
the sweet trill of nightingales
and a deep blue sea.

PARA CONVERTIR MIS DESHECHOS EN VERSOS

La muerte temblorosa, atolondrada,
cada día me muere un poco más,
como una bala que vino volando
me arranca un pedazo amado inservible de mi vida.
Hechos de mi padre me murieron,
hechos de mi madre me murieron,
hechos de mi hermana me murieron,
hechos de mi primera esposa me murieron,
y yo acumulé imaginación para vivir otras vidas
para convertir mis deshechos en versos,
para dejarme herir el corazón y llorar
mientras la muerte me muere.

TURNING MY SORROW INTO VERSE

Trembling, unnerving death
I die a little bit each day,
like a bullet piercing me
tearing out a useless beloved bit of my life.
Losing the memory of my father,
losing the memory of my mother
losing the memory of my sister
losing the memory of my first wife,
and I gathered imagination to live other lives
turning my sorrow into verse,
letting my heart bleed and weep,
mourning death.

En la piedra nació el arte

Encaramado en su instinto, con sus pensamientos
dándole vueltas en su cabeza peluda,
el hombre hace 25.000 años
en lo profundo de la cueva, de la piedra, de la roca,
pintó el movimiento salvaje de caballos, toros,
el rojo ocre visto con la luz del fuego
para que la huella de su vida sea eterna
por su belleza,
como los anillos de oro de Creta, el minotauro,
el laberinto,
Helena, eterna Helena, mi padre murió por su belleza,
Agamenón, Aquiles, Héctor, Príamo

ART WAS BORN FROM STONE

Guided by instinct, with his thoughts
swirling around his hairy head
man 25,000 years ago
deep in the cave, surrounded by stone, by rock,
painted the wild movement of horses, bulls,
burning ochre in the light of the flame
to make the mark of his life eternal
in its beauty,
like Crete's golden rings, the minotaur,
the labyrinth,
Helen, eternal Helen, my father died for her beauty,
Agamemnon, Achilles, Hector, Priam.

MI ALMA PREGUNTA POR LA LLUVIA

Mucho mantengo mis ojos cerrados
para verme adentro, para ver mi alma
como a una pajarita herida.
Mi alma pregunta por la lluvia, el relámpago,
¿Cómo es hacer el amor sobre la nieve?
¿Cómo alborota el viento tu cabello?
Tu eres mi habitación íntima,
eres mi ámbar y yo estoy dentro de ti
como un hermoso harapo rosado
escondido de la luz del sol
construyendo tus sueños.

MY SOUL ASKS ABOUT RAIN

I keep my eyes closed for some time
to view my inner self, to view my soul
as a wounded bird.
My soul asks about rain, lightening,
What is it like to make love on snow?
How does the wind tousle your hair?
You are my hidden room,
you are my amber and I inhabit you
like a beautiful pink thread
hidden from the light of the sun
knitting your dreams.

LA MUERTE ES MI HERMANA MAYOR

La muerte es mi hermana mayor,
no duerme nunca cuidando mis depresiones,
mi derrame cerebral, mi cáncer,
mi minusvalidez en la vida.
Ella sabe lo que tengo que hacer todavía,
los poemas que tengo que escribir,
los dolores, sufrimientos, heridas, frustraciones
que me faltan pasar hasta llegar a ella,
como cuando daba mis primeros pasos
y ella me esperaba con ansiedad
con sus brazos abiertos.

DEATH IS MY BIG SISTER

Death is my big sister,
never resting as she tends to my depression,
my stroke, my cancer,
my disabled life.
She knows what I have left to finish,
the poems I need to write,
the pain, misery, hurt, frustration
that I have yet to suffer before I reach her,
like when I took my first steps
as she anxiously awaited
with open arms.

LAS ESTRELLAS SON UNOS GRANDES DINOSAURIOS

Las estrellas son unos grandes dinosaurios
y dragones
que comen árboles azules en el cielo,
y son el torso de una mujer saliendo del agua
y una delgada luz amarilla en un océano sin ira.
Los ríos del cielo le ofrecen al tigre un lugar
donde no ver su sombra que huye de las desilusiones

STARS ARE GIANT DINOSAURS

Stars are giant dinosaurs
and dragons
eating blue trees in the sky,
they are the curves of a woman emerging from water
and a pale-yellow light in a tranquil sea.
Rivers in the sky give the tiger refuge
from his shadow as he flees disillusion.

LA VIDA CELESTIAL DE LAS ESTRELLAS

La vida celestial de las estrellas
entrelaza las órbitas del amor, la piedra y el agua,
la ceguera del hombre y los ojos luminosos de un ángel,
el nacimiento de un negro en el sur de los Estados
      Unidos
y la resurrección de Lázaro.
La muerte en el mundo la lloran las estrellas,
la convierten en luceros que cuentan crímenes y guerras,
la mala levadura del hombre que vive en medio
de tanta belleza.

THE CELESTIAL EXISTENCE OF STARS

The celestial existence of stars
interwoven orbits of love, stone, and water,
Man's blindness and an angel's luminous eyes,
the birth of a black man in the south in the US
and the resurrection of Lazarus.
Stars mourn death in the world,
turning it into stars shedding light on crime and wars,
mankind's rotten leavening rising amid
such beauty.

TÚ ERES MI CÓLERA

Tú eres mi cólera
y yo soy un vaso vacío que solo tú puedes llenar.
Me haces desfallecer, quedarme ciego, sordo,
que se me quiebren los huesos, que deje de respirar.
Mi cólera es mi ángel que me sepulta y me deshiela.
Esta mujer es mi ángel que solo en sueños
se me ha aparecido.

YOU ARE MY FURY

You are my fury
and I your empty vessel for you to fill.
You sap my strength, make me deaf and blind,
make my bones brittle, lose my breath.
My rage is my angel overcoming me, melting me,
This woman is my angel who only appears to me
in dreams.

LAS HADAS TIENEN UN JARDÍN EN SU CORAZÓN

Las hadas te abren puertas,
tienen un jardín en su corazón,
se convierten en escarcha,
se meten en los dos hemisferios del cerebro
para armonizarlos,
para que el hombre sea creativo, invente y ame.
Las hadas nadan en las olas de magma,
saben cuándo se caen las estrellas
y le ponen color y sabor de frutas tropicales al arcoíris.
Las hadas se convierten en mariposas
que tienen todos los colores de la belleza.

FAIRIES TEND GARDENS IN THEIR HEARTS

Fairies open doors for you,
tending gardens in their hearts,
turning to fairy dust,
entering both hemispheres in the brain,
to put them into balance
for mankind to be more creative, to invent and love.
Fairies swim through waves of magma,
knowing when stars fall
and giving rainbows and tropical fruits flavor and color.
Fairies become butterflies
boasting all the colors of beauty.

ELOGIO DE LA POESÍA
(Prosema)

En la memoria del extraordinario poeta y artista
Enrique Fernández Morales.

La palabra es de la boca a la libertad. Por eso los que trabajan con la palabra trabajan la libertad, los que trabajan con la palabra hacen criaturas verbales que tienen vida eterna. Por eso los que trabajan con la palabra son prisioneros de una pasión en su vida que solo busca la libertad. Viven con libertad bajo palabra y para cumplir con la palabra sometida a la libertad. Y su mundo está hecho de palabras.

El mundo de la palabra es el más sólido de los mundos. Todo el universo mundo depende de las palabras. Esta Babel que compartimos tiene sus cimientos en la palabra. Y los conceptos corresponden a las palabras y adquieren sus significados por las palabras. La historia del hombre es la historia de la palabra. La historia de la libertad es la historia de la palabra. La historia del origen de las especies, la historia de las guerras, la historia de la comprensión y de la incomprensión, la historia del amor y del desamor, la historia del firmamento y del romance de la Vía Láctea se hizo con palabras y con el sistema del lenguaje, con el Sistema Universal de las Palabras.

Y también la poesía está hecha con palabras, y la historia del hombre en la vida terrestre está hecha con palabras.

Los poetas queremos transformar el mundo y cambiar la vida, y solo dormimos en nidos de papel y en ellos separamos y mezclamos la virtud y la perversión del ser humano, lo racional y lo irracional, lo intuitivo y lo intelectual, lo espiritual y lo corporal, lo Apolíneo y lo Dionisiaco, el lenguaje y lo que queremos expresar, las pesadillas y los sueños, la plenitud y la abstinencia, las ficciones y el borrador de vida que vivimos, las obsesiones y el drama, el algo y la nada, las coincidencias y el destino, el humor y la lástima, lo insólito y el vacío y la mudez, dos seres idénticos contemplándose: uno que viene de la fantasía de la literatura y el otro que viene de la realidad, lo obvio y lo enigmático, la imagen y el contenido, ideas, sueños y pensamientos, la perversión y la perversidad, los modelos de vida que construimos en la niñez y los estropicios del alma, la paz de un solo salvaje y el gran teatro del mundo.

Por ese prodigio de la imaginación que desde niño vi en la poesía, nunca tuve otros héroes en mi vida más que los poetas. Y a mis héroes me los encontraba en mi casa todos los días. A Rubén Darío, a Salomón de la Selva, a Azarías H. Pallais, a Carlos Bravo, a Joaquín Pasos a Pablo Antonio Cuadra, a José Coronel, a Luis Alberto Cabrales, a Francisco Pérez Estrada, a mi padre el poeta Enrique Fernández, a Carlos Martínez Rivas, a Ernesto Mejía Sánchez, a Ernesto Cardenal, a Fernando Silva, me los encontraba todos los días en mi vida, así como los hombres primitivos hablaban y caminaban entre sus héroes y sus dioses. Y una vez que fui con mi colegio a una excursión a Ciudad Darío, mi padre me pidió que le trajera un puñado de tierra original del patio de la casa donde nació Rubén Darío para ponerla santificada en una urna encima de un altar junto a una bandera de Nicaragua y una fotografía de nuestro más grande héroe de la palabra, de nuestro más grande héroe del verso, de nuestro más grande héroe de la poesía que estaba entronizado en mi casa y vivía con nosotros.

Mis héroes eran los poetas y el lenguaje de la pintura era el ángel tutelar de la poesía.

Mis héroes no tenían necesidad de salir en las películas, pero estaban llenos de fantasías y entraron y salieron en la pantalla de mi vida desde siempre y para siempre. Mis héroes viven su propia vida y en sus obras dejan de ser sus sombras, le temen más a la muerte que a la vida, porque saben que el amor es más fuerte que la muerte. Son magos que producen conejos y cometas. Para los poetas las Isletas de Granada parecen animales verdes reposando. Para los poetas la vida eterna es la soledad y la contemplación.

Los poetas viven con el corazón, los sueños y las pesadillas: Con esas sucias bestezuelas que maltratan a los hombres. Son como los niños que hablan con sus juguetes y como los juguetes que se encariñan con sus dueños. La belleza de las palabras es lo primero que descubre el hombre y el poeta encuentra cómo transformarlas hasta que pide misericordia, porque la vida, entonces, empieza a girar como si fuera un error sobre su propio eje donde termina y empieza la verdad de la mentira. Toda la verdad del mundo está hecha con palabras. Las Historias de la verdad y de la mentira están hechas con palabras y los arqueólogos de las palabras hacen calas en el lenguaje para saber cómo vivían y pensaban en todos los pasados el hombre y la mujer cuando se decían la verdad y cuando se decían la mentira.

Yo no tuve el trabajo de inventar a mis héroes. Mis héroes ya vienen en la historia sagrada y pagana de la literatura nacional y no tuve que inventar a los héroes de mis héroes, que después fueron también los míos, porque esos héroes ya vienen en la Historia de la Literatura Universal.

La Historia Universal está poblada de héroes de la literatura, de héroes literarios capaces de todo lo imaginable; han poblado al mundo y le han dado personalidad y carácter a las geografías nacionales y a las historias nacionales de Europa, Asia, África, América y Oceanía

Los grandes amantes y las grandes amantes, los grandes traidores y las grandes traidoras, las sabandijas de la historia, la abnegación y las perversidades vienen en el relato oral que sobrevivió al paraíso terrenal, y que fue salvado por los más fuertes en el proceso natural de selección de las especies y rescatado del diluvio universal y distribuido en el mundo después de la Babel de los sueños del hombre de alcanzar el cielo y la perfección. El relato oral vive ahora impreso en el nido de papel en donde duermen y sueñan los poetas. Porque hay que reconocer también, que los poetas dormimos en un nido de papel porque somos los seres más desamparados, más desprotegidos del orbe cristiano, musulmán, ateo y chiita. Somos los eternos damnificados de los terremotos y tempestades que provocan las pasiones de la realidad y las ficciones.

En la infinita diversidad del mundo de la naturaleza, en donde Dios nunca hizo dos seres idénticos, Dios hizo al poeta, Torre de Dios, Pararrayos Celeste, sensitivo y viviente y lo hizo con votos de pobreza e indefensión, al margen del poder, y lo hizo como el gran antihéroe de la sociedad. Mis héroes son los antihéroes para los hombres del poder y de los bancos, salvo honrosas excepciones entre la gente del poder y de los bancos. Mis héroes, que hacen la poesía, que es el producto que tiene la mejor calidad entre los productos exportables de Nicaragua, son vistos siempre como unos marginales y como unos antihéroes dentro de la tragedia inenarrable de la historia de Nicaragua. Los responsables de la tragedia, quienes han desbaratado y, malversado el país hasta llevarlo a la bancarrota moral y económica hacen de lado siempre al poeta para no darse cuenta de lo humano de su pensamiento, para no darse cuenta de la calidad de solidaridad humana que necesita un ser humano para vivir, del horizonte de sus reflexiones, de las injusticias que se cometen con el acaparamiento irracional de la riqueza. El poeta para vivir necesita la justicia social, y la justa distribución de la riqueza, necesita inversión en la educación, en la salud, en la vivienda, en la cultura, en la democracia.

Pero Dios hizo al poeta como un perdedor exquisito. Y al político y al banquero como dos ganadores empedernidos. Al perdedor le dio la palabra, a los ganadores los números. En los informes financieros los números están en negro y las palabras aparecen en rojo, se enturbian o desaparecen. Pero la verdad la decía José Coronel Urtecho cuando hablaba de que la poesía nicaragüense es el único producto que hacemos los nicaragüenses verdaderamente competitivo en el exterior, que la poesía es nuestro producto de mejor calidad. La verdad es que las letras nicaragüenses están en negro y los números nicaragüenses en rojo.

Los nicaragüenses, ciertamente, nos merecemos la poesía. Yo confío en cuerpo y alma en la poesía y confío en el cuerpo y en el alma de la poesía. Confío en el mundo interior y en el mundo exterior de la poesía.

Confío en lo que la poesía le revela al ser humano y confío en lo que contiene la poesía que hace que el hombre se rebele. Confío en la rebeldía de la poesía, así como confío en la vida.

A mí me enseñó mi padre que la verdadera fortaleza espiritual de la palabra se da en la poesía y que la fortaleza espiritual de la poesía redime al hombre. A mí me enseñó mi padre que la poesía está en todas partes y que la gratuidad de la poesía es una bendición en los ojos del poeta que todo lo ve con los ojos de la poesía, y que no hay temas ajenos a la poesía. Mi padre hizo más mi alma que mi cuerpo y me hizo poeta. A mí mi padre me enseñó que los poetas no estuvieron en la construcción de Babel, que los poetas no están en la traición, ni en el robo ni en el crimen, que la naturaleza de la poesía está en el reino espiritual porque la poesía eleva al hombre a la categoría de Torre de Dios y Pararrayos Celeste. La poesía le da al hombre una nueva especie de jardín donde florecen la inocencia y la libertad para que el poeta habite el mundo con pasión y apetito insaciable.

La palabra es de la letra a la libertad. La palabra es de la imprenta a la libertad y el conocimiento de la letra y de la palabra han hecho libres al hombre y a la mujer. Yo creo en la palabra y creo en la libertad. Creo en la democracia. Creo que la poesía enaltece al ser humano, y le da el sentido de la belleza al mundo. Creo que con la poesía el hombre deja el testimonio de su vida y de su tiempo con la hondura humana de su alma. También pasa que el poeta altera la realidad y vive una realidad alterada y vive lo que no viven los demás. Pasa que siempre encuentra la piedra bruta del dolor y para cantar su miseria baja, como el minero, a la profundidad de su espíritu para encontrar la palabra que relata su tragedia.

La palabra es de la letra a la libertad y cada poeta logra su propio lenguaje y su propio mundo y llega a la poesía, cada vez, a través de una experiencia única, individual, irrepetible, intransferible y solo consolado por la lluvia. Para encontrar mi propio lenguaje busqué la idea, el sonido y la química de las palabras, y la encontré en la alquimia de la carne y el espíritu, en la alquimia de la gratuidad de la poesía que rechaza que la poesía sea un instrumento. Encontré que la poesía debe ser producto del matrimonio entre la sensibilidad, la imaginación y la cultura, encontré que la poesía es la voluptuosidad de los sentidos en el reconocimiento de la pureza y de la impureza, que la poesía, como el amor, es el banquete de los sentidos, que la poesía logra la magia de la transformación de los pecados capitales en virtudes teologales, encontré que la armonía entre la lírica del espíritu y las bajezas del alma comunica a los sueños con la razón, que en el universo de la poesía viven ángeles y demonios y que todos ellos deben expresarse, que el lenguaje de la poesía debe contener la riqueza y la complejidad del cielo y del infierno, que el don de la vida en la poesía se da por el don de la palabra, que en la poesía los sueños son mensajes secretos entre el alma y la razón, que la sensualidad de la palabra es para el poeta, lo que el cuerpo del amante es para la amante, que el lenguaje de la poesía debe tener la agresividad y la armonía de la naturaleza, que en la poesía el dolor del alma siempre es una criatura verbal del orgullo de la razón.

Este es mi ELOGIO DE LA POESÍA, este es mi ELOGIO DE LA POESÍA NICARAGÜENSE., este es mi Elogio a las enseñanzas de mi padre.

POETIC ELEGY

In Memory of Enrique Fernández Morales,
extraordinary poet and artist.

Words flow from the mouth to freedom. That is why those who work with words work Freedom. Those who work with words craft verbal creatures who live for eternity. That is why those who work with words are prisoners to a passion in life that seeks only freedom. They live on parole, keeping their word subject to freedom. And their world is made of words.

The realm of words is the most solid of all worlds. The entire world universe depends on words. The word is the foundation for our shared Babel. And the concepts correspond to words and take their meaning from words. The history of mankind is the history of the word. The history of freedom is the history of the word. The History of the origin of species, the History of wars, the History of understanding and misunderstanding, the history of falling in and out of love, the history of the firmament and the romance of the Milky Way, all were made from words and language, from the Universal System of Words.

And poetry is also made from words, and the history of mankind's life on Earth is made from words. We poets want to transform the world and change life. We sleep only in paper nests where we divide and combine human beings' virtue and perversion, what is rational and irrational, intuition and intellect, the spiritual and the physical, Apollonian and Dionysiac, language and meaning we want to express, nightmares and dreams, plenitude and abstinence, fictions and the way we make our way through life, obsessions and drama, something and nothing, coincidences and destiny, humor and misfortune, the uncanny and emptiness and muteness, two identical beings face-to-face: one born from literary fantasy and the other from reality, the obvious and the enigmatic, image and content, ideas, dreams and thoughts, perversion and the perverse, life models we build in childhood and the disasters of the soul, the lone savage's peace and the great theater of the world. Because of this miracle of the imagination, that I found in poetry, poets have been my only heroes ever since my childhood. I came face-to-face with my heroes at my house every day: Rubén Darío, Salomón de la Selva, Azarías H. Pallais, Carlos Bravo, Joaquín Pasos, Pablo Antonio Cuadra, José Coronel, Luis Alberto Cabrales, Francisco Pérez Estrada, my poet father, Enrique Fernández, Carlos Martínez Rivas, Ernesto Mejía Sánchez, Ernesto Cardenal, Fernando Silva. They were part of my daily life, just as primitive men spoke and walked among their heroes and Gods. One time, when I went on a high school field trip to Ciudad Darío, my father asked me to bring him back a handful of the original dirt from the front yard in the house where Rubén Darío was born so that he could place it sanctified in an urn on an alter next to the Nicaraguan flag and a photograph of our greatest hero of the word, our greatest poetic hero who was enthroned in my house and lived there with us.

My heroes were poets, and the language of painting was the guardian angel of poetry. My heroes didn't have to be in movies. They were filled with fantasy, and they appeared and disappeared from the screen of my life since forever. My heroes live their own life and come to life in their works. They fear death more than life because they know that love is stronger than death. They are magicians who can make rabbits and comets appear. For poets, Granada's islets look like green animals resting. For poets, eternal life is solitude and contemplation.

Poets live in your heart, in dreams, and in nightmares: With those dirty little beasts that mistreat men. They are like children who talk with their toys and like toys that grow fond of their owners. Mankind discovers the beauty of words first and the poet finds a way to transform them so that they beg for mercy. Then life begins to pivot, like a correction, on its own axis where the truth of the lie begins and ends. The entire truth of the world is made of words. The Histories of truth and lies are made of words, and word archeologists dig into language to learn how men and women lived and thought in every past, when they told the truth, and when they lied. I did not have to invent my heroes. My Heroes are already part of the national literary sacred and pagan history. I did not have to invent the heroes of my heroes, who were later mine as well, because those heroes are already part of University Literary History.

Universal History is filled with Heroes of literature, of literary Heroes capable of everything imaginable. They have filled the world and added personality and character to national geographies and national Histories in Europe, Asia, Africa, America, and Oceania.

The greatest lovers, the greatest traitors, the vermin of History, selflessness and with the fittest in the natural process of selection, rescued from the Universal Food, and spread all over the world after Babel, when mankind dreamed of reaching the sky and perfection. Oral history lives on imprinted in the paper nest where poets sleep and dream. And note as well that we poets also sleep in a paper nest because we are the most destitute beings, the most unprotected in the Christian, Muslim, Atheist, or Shiite world. We are the eternal victims of earthquakes and hurricanes stirring the passions of reality and fiction.

In the infinite diversity of the natural world, where God never made two identical beings, God created the poet, Tower of God, Celestial Lightening Rod, sensitive and alive. He crafted him with vows of poverty and vulnerability, distanced from power, the great social antihero. My heroes are antiheroes for men in power and banks, though with some honorable exceptions among the powerful and banks. My heroes who make poetry, which is the most valuable product among all of Nicaragua's exports, are always viewed as eccentrics and antiheroes in the unspeakable tragedy of Nicaraguan History. Those responsible for the tragedy, those who have destabilized and defrauded the country to the point of moral and economic bankruptcy, are the same ones who disregard the poet, ignoring human experience and intellect, ignoring the value of human solidarity that depends on being human to thrive, the perspective of reflective thought, the injustice committed by the irrational monopolization of wealth. To thrive, the poet needs social justice, fair distribution of wealth, investment in education, in health, in housing, in culture, in democracy.

But God made the poet an exquisite loser, and the politician and the banker both tenacious winners. He gave the loser words, and the winners numbers. On financial reports, numbers are black, while words appear in red, fading or disappearing. José Coronel Urtecho was correct when he said that poetry from Nicaragua is the only national export produced in Nicaragua that is competitive on the world market, that poetry is what we make best. The truth is that Nicaraguan letters are black, while Nicaraguan numbers are red.

We Nicaraguans have certainly earned our poetry. I believe in poetry with my body and soul, and I believe in the body and soul of poetry. I believe in poetry's reflective quality and in its public expression. I believe in what Poetry reveals to humanity and I believe in what Poetry has that makes mankind rise up and rebel. I believe in Poetry's Rebellion, just as I believe in life itself.

My father taught me that the true spiritual strength of words resides in poetry, and that poetry's spiritual strength is mankind's salvation. My father taught me that poetry is everywhere, that the poet who sees poetry without a price sees everything with eyes of poetry, and that there are no topics off limits in poetry. My father created my soul more than my physical body, and he made me a poet. My father taught me that poets did not participate in building Babel, that poets are not traitors, thieves, or criminals, that poetry's nature resides in the spiritual realm because poetry elevates mankind to the category of Tower of God and Celestial Lightening Rod. Poetry gives mankind a new type of garden where innocence and freedom bloom, and where the poet inhabits the world filled with passion and an insatiable appetite.

Words flow from letters to freedom. Words flow from print to freedom, and the knowledge of letters and words has set men and women free. I believe in words, and I believe in freedom. I believe in democracy. I believe that poetry elevates human beings, giving the world's beauty meaning. I believe that human beings tell the story of their lives and their times with poetry from the human depth of their soul. It also happens that the poet alters reality and lives differently than others. The poet is always digging up the raw stone of pain. To sing his misfortune, he goes down like a miner into the depths of his spirit to find the word to convey his tragedy.

Words flow from letters to Freedom, and every poet achieves his own language and his own world, always arriving at poetry through a unique experience, one that is individual, impossible to replicate or transfer, calmed only by rain. To find my own language, I sought the idea, the sound, and the chemistry of words, which I discovered in the alchemy of flesh and spirit, in the alchemy of poetry's priceless nature that rejects its use as an instrument of exchange. I discovered that poetry should be the product of the marriage between sensitivity, imagination, and culture. I discovered that poetry is voluptuous sensuality, distinguishing purity and impurity, that poetry, like love, is a banquet for the senses, that poetry makes magic by transforming capital sins into theological virtues. I discovered that the harmony between spiritual lyricism and the depths of the soul articulates dreams with reason, that the poetic universe is filled with angels and demons, and that they must all express themselves, that poetic language should contain both the richness and complexity of heaven and hell, that the gift of life in poetry becomes the gift of words, that in poetry, dreams are secret messages between the soul and reason, that the sensuality of words is to the poet what the lover's body is to the lover, that poetic language should have nature's force and harmony, and that in poetry, the soul's pain is always a verbal creation of the pride of reason.

This is my POETIC ELEGY, this is my ELEGY FOR NICARAGUAN POETRY, this is my Elegy for what my father taught me.

LASCIVIA POÉTICA

La poesía de Francisco de Asís Fernández está imbuida de una fuerza vital en la que la lujuria convive en total armonía con una espiritualidad estética, no religiosa, donde "las bacantes embriagan y hacen el amor con la belleza", como lo expresa en El cielo de la granja de sueños. Su lascivia poética hermana el placer y la contemplación evocando la convivencia de Dionisos y Apolo en el Oráculo de Delfos o la fraternidad del Elíseo celebrada por Schiller en su célebre Oda, clímax de la sublime Novena Sinfonía de Beethoven. La alegría erótica del poeta granadino concilia lo que la miopía dilemática ha separado durante siglos. Rebelándose contra el dogmatismo propio de mentes gregarias, Francisco de Asís exalta con gracia el poder de la poesía para transformar "los pecados capitales en virtudes teologales". Su escritura es un canto a la conciliación de los dones de la vida: el placer, la embriaguez, el amor, la belleza / también tienen dioses para juntar tu alma con tu cuerpo / para que cantes como un ruiseñor / con un extravagante espíritu loco de amor. En eso consiste la lascivia poética de Francisco de Asís Fernández: es la fusión de la pasión concupiscente con la reflexión sobre la finitud de la existencia. Ni Ariel ni Calibán, el Hijo Predilecto de Granada tiene el privilegio de saber que, llegada la hora: Estaré solo en mis poemas / para que mi amor siga viviendo entre los vivos. Por tanto, no será la indulgencia del público la que lo libere, como al Próspero de Shakespeare; será redimido por el arte como a Rilke en sus Elegías de Duino.

HÉCTOR TAJONAR

LEWD POETICS

Francisco de Asís Fernández's poetry is filled with a vital energy that masterfully harmonizes lasciviousness with a non-religious spiritual aesthetic. Heaven's Garden of Dreams expresses this in the verse: "the intoxicating bacchantes who make love to beauty." The author's lewd poetics juxtaposes pleasure and contemplation, evoking the coexistence of Dionysius and Apollo in the Oracle of Delphi, or the Elysium brotherhood celebrated by Schiller in his famous "Ode to Joy," the climax of Beethoven's sublime Symphony No. 9. The Granadian poet's erotic joy reconciles what the myopic dilemmatic has held separate for centuries. Resisting the dogmatism inherent in conformist thinking, Francisco de Asís cleverly exalts the power of poetry to transform "capital sins into theological virtues." His writing is a tribute to reconciling life's gifts: "But decadence, drunkenness, love, beauty, / they too have gods to join your body and soul, / for you to sing like a nightingale / with an extravagant spirit crazy in love." This is the substance of Francisco de Asís Fernández's lewd poetics, merging concupiscent passion with the contemplation of the finite nature of existence. Neither Ariel nor Caliban, the Favorite Son of the City of Granada, Nicaragua has the privilege of knowing that, when the time comes: "I will only exist in my poems / for my love to live on among the living." His freedom, therefore, will not be granted by the mercy of the audience, like Shakespeare's Prospero. Instead, art will be his redemption, as Rilke in the Duino Elegies.

HÉCTOR TAJONAR

Francisco de Asís Fernández. Granada, Nicaragua, 1945. Poeta, narrador, ensayista y promotor cultural. Es Presidente del Festival Internacional de Poesía de Granada, Miembro de Número de la Academia Nicaragüense de la Lengua, Medalla de Honor en Oro de la Asamblea Nacional de Nicaragua, Cruz de la Orden al Mérito Civil otorgada por el Rey Juan Carlos I de España, Doctorado Honoris Causa en Humanidades otorgado por la Universidad American College, Homenaje Múltiple al poeta Francisco de Asís Fernández editado por la Academia Nicaragüense de la Lengua, Hijo Dilecto de la Ciudad de Granada, Nicaragua. Ha publicado los poemarios "A Principio de Cuentas" (1968, Editorial Finisterre, México, D.F. Ilustraciones de José Luis Cuevas), "La Sangre Constante". (1974, Ediciones del Centro Universitario de la UNAN. Managua, Nicaragua. Ilustraciones de Rafael Rivera Rosas), "En el cambio de Estaciones". (1982, Editorial UNAN, León, Nicaragua. Ilustraciones de Fayad Jamis), "Pasión de la Memoria". (1986, Editorial Nueva Nicaragua, Managua, Nicaragua), "FRISO de la Poesía, El Amor y la Muerte", (1997 - Poesía. Edición del Fondo Cultural del Banco Nicaragüense. Ilustraciones de Orlando Sobalvarro). "Árbol de la Vida", (1998, Ediciones del Centro Nicaragüense de Escritores, Managua, Nicaragua. Ilustraciones de José Luis Cuevas), "Celebración de la Inocencia"- Poesía Reunida- (2001 Editorial CIRA. Ilustraciones de José Luis Cuevas- Texto de Solapa de Fanor

Téllez), "Espejo del Artista" (2004, ediciones del centro Nicaragüense de Escritores. Prólogo de Edwin Yllescas-Ilustraciones de Orlando Sobalvarro). "Orquídeas Salvajes" (2008. Editado por Editorial Visor, Madrid, España.) "Granada: Infierno y Cielo de mi Imaginación. Publicación que reúne toda su poesía dedicada a la Ciudad de Granada y a su gente" (2008. Editorial Amerrisque.) "Crimen Perfecto" (2011, editado por: E.D.A libros, colección NorteSur-Málaga España. Prólogo de José Luis Reina Palazón). "La Traición de los Sueños", (2013, Editorial Amerrisque, Managua, Nicaragua. Portada de Omar de León--Prólogo de José María Zonta). "La Traición de los Sueños" (2014, Editorial Alfar, Sevilla, España. Portada de Omar de León--Prólogo de José María Zonta), "Luna Mojada" (2015. Edición bilingüe español-inglés. Editado por Editorial-Revista LA OTRA, Portada de Mario Londoño--Prólogo de Juan Carlos Abril--Texto de Solapa de María Ángeles Pérez--Traducción al inglés de Stacey Alba Skar Hawkins), "La Invención de las Constelaciones" (2016. Edición bilingüe español-inglés, editado por Ediciones Hispamer. Portada de Juan Carlos Mestre, texto de la solapa del poeta Marco Antonio Campos; Prologo de Víctor Rodríguez Núñez; Nota interior de María Ángeles Pérez López; texto de contraportada: Juan Carlos Mestre; traducción de Stacey Alba Skar), "El tigre y la rosa" (2017. Edición bilingüe, español-inglés. Editado por Ediciones Hispamer. Portada de Juan Carlos Mestre, Prologo I de Antonio Gamoneda, Prólogo II de Raúl Zurita; Nota interior de Gioconda Belli; contratapa, texto Víctor Rodríguez Núñez; traducción de Stacey Alba Skar), "En mis manos no se marchita la belleza" (2018, Homenaje Múltiple al poeta Francisco de Asís Fernández editado por la Academia Nicaragüense de la Lengua. Selección: Jorge Eduardo Arellano). "Hay un verso en la llama" (2020, editado por Uruk Editores, Costa Rica. Portada de Juan Carlos Mestre, Prologo I de Antonio Gamoneda, Prólogo II de Víctor Rodríguez Núñez; contraportada: texto Raúl Zurita) "Detente, cielo mío" (2020 editado por Uruk Editores, Costa Rica. Portada de Jorge Jenkins, Prologo I de José Ramón Ripoll, Prólogo II de Alfredo Fressia; contraportada: texto de Víctor Rodríguez Núñez). "Quiero morir en la belleza de un lirio" (2020, editado por New York Poetry Press, USA. Portada de Yomi Amador, Prologo I de Raúl Zurita, Prólogo II de María Ángeles Pérez López, Prólogo III: Óscar Oliva; contraportada: texto Antonio Gamoneda); "La Tempestad" (2021, edición bilingüe traducción: Stacey Alba Skar. Editado por New York Poetry Press, USA. Prólogo I de Héctor Tajonar, Prólogo II de José Ángel Leyva); "63 poemas de amor a mi Simonetta Vespucci" (2021, edición bilingüe español-inglés, traducción: Stacey Alba Skar. Editado por New York Poetry Press, USA. Prólogo de Gioconda Belli), "IL CIELO DEL GIARDINO DEI SOGNI- El cielo de la Granja de Sueños" (2021, edición bilingüe italiano-español, traducción: Emilio Coco. Editado por Raffaelli Editore. Prólogo de Emilio Coco).

Francisco de Asís Fernández. Granada, Nicaragua, 1945. Poet, narrator, essayist, and cultural promoter. He is President of the International Poetry Festival of Granada, official member of the Nicaraguan Academy of Language, recipient of the Gold Medal of Honor from the Nicaraguan National Assembly, recipient of the Cross for the Order of Civil Merit conferred by King Juan Carlos I of Spain, and Doctor Honoris Causa in Humanities conferred by the American College, and Favorite Son of the city of Granada, Nicaragua. In addition to the book homage of essays and poems by multiple international authors compiled by the Nicaraguan Academy of Language to pay tribute to the author's poetry, he has published the following books of poetry: "A Principio de Cuentas" (1968, Editorial Finisterre, México, D.F. Illustrated by José Luis Cuevas), "La Sangre Constante". (1974, Edited by the Centro Universitario de la UNAN. Managua, Nicaragua. Illustrated by Rafael Rivera Rosas), "En el cambio de Estaciones". (1982, Editorial UNAN, León, Nicaragua. Illustrated by Fayad Jamis), "Pasión de la Memoria". (1986, Editorial Nueva Nicaragua, Managua, Nicaragua), "FRISO de la Poesía, El Amor y la Muerte", (1997 - Poetry. Edited by the Fondo Cultural del Banco Nicaragüense. Illustrations by Orlando Sobalvarro). "Árbol de la Vida", (1998, Edited by the Centro Nicaragüense de Escritores, Managua, Nicaragua. Illustrations by José Luis Cuevas), "Celebración de la Inocencia"- Poetry anthology- (2001 Editorial CIRA. Illustrations by José Luis Cuevas- Inside cover text by Fanor Téllez), "Espejo del Artista" (2004, Edited by the Centro Nicaragüense de Escritores. Prologue by Edwin Yllescas- Illustrations by Orlando Sobalvarro). "Orquídeas Salvajes" (2008. Edited by Editorial Visor, Madrid, Spain.) "Granada: Infierno y Cielo de mi Imaginación. Poetry anthology of poems dedicated to the city and citizens of Granada, Nicaragua" (2008. Editorial Amerrisque.) "Crimen Perfecto" (2011, Edited by E.D.A libros, NorteSur Series-Málaga, Spain. Prologue by José Luis Reina Palazón). ¨La Traición de los Sueños¨, (2013, Editorial Amerrisque, Managua, Nicaragua. Cover by Omar de León—Prologue by José María Zonta). "La Traición de los Sueños" (2014, Editorial Alfar, Sevilla, Spain. Cover by Omar de León, Prologue by José María Zonta), "Luna Mojada" (2015. Bilingual Spanish-English edition. Edited by Editorial-Revista LA OTRA, Cover by Mario Londoño, Prologue by Juan Carlos Abril, Book flap text by María Ángeles Pérez, English language translation by Stacey Alba Skar Hawkins), "La Invención de las Constelaciones" (2016. Bilingual Spanish-English edition. Edited by Ediciones Hispamer. Cover by Juan Carlos Mestre, Book flap text by Marco Antonio Campos; Prologue by Víctor Rodríguez Núñez, Introduction by María Ángeles Pérez López, Back cover by Juan Carlos Mestre, English language translation by Stacey Alba Skar Hawkins), "El tigre y la rosa" (2017. Bilingual Spanish-English edition. Edited by Ediciones Hispamer. Cover by Juan Carlos Mestre, Prologue I by Antonio Gamoneda, Prologue II by Raúl Zurita; Introduction by Gioconda Belli, Back cover by Víctor Rodríguez Núñez, English language translation by Stacey Alba Skar Hawkins), "En mis manos no se marchita la belleza" (2018, Book homage with essays and poems by multiple international authors compiled by the Nicaraguan Academy of Language to pay tribute to the author's poetry, Edited by Jorge Eduardo Arellano). "Hay un verso en la llama" (2020, Edited by Uruk Editores, Costa Rica. Cover by Juan Carlos Mestre, Prologue I by Antonio Gamoneda, Prologue II by Víctor Rodríguez Núñez; Back cover by Raúl Zurita) "Detente, cielo mío" (2020 edited by Uruk Editores, Costa Rica. Cover by Jorge Jenkins, Prologue I by José Ramón Ripoll, Prologue II by Alfredo Fressia; Back cover by Víctor Rodríguez Núñez). "Quiero morir en la belleza de un lirio" (2020. Bilingual Spanish-English edition. English language translation by Stacey Alba Skar Hawkins. Edited by New York Poetry Press, USA. Cover by Yomi Amador, Prologue I by Raúl Zurita, Prologgue II by María Ángeles Pérez López, Prologue III by Óscar Oliva; back cover text by Antonio Gamoneda); "La Tempestad" (2021, edición bilingüe traducción: Stacey Alba Skar. Editado por New York Poetry Press, USA. Prólogo I de Héctor Tajonar, Prólogo II de José Ángel Leyva); "63 poemas de amor a mi Simonetta Vespucci" (2021, edición bilingüe español-inglés, traducción: Stacey Alba Skar. Editado por New York Poetry Press, USA. Prólogo de Gioconda Belli), "IL CIELO DEL GIARDINO DEI SOGNI- El cielo de la Granja de Sueños" (2021, Bilingual Italian-Spanish edition, Italian language translation by Emilio Coco. Edited by Raffaelli Editore, Italy. Prologue by Emilio Coco).

ÍNDICE / CONTENTS

El cielo de la granja de sueños
Heaven's Garden of Dreams

Colección
PREMIO INTERNACIONAL DE POESÍA
NUEVA YORK POETRY PRESS

1
Idolatría del huésped / *Idolatry of the Guest*
César Cabello

2
Postales en braille / *Postcards in Braille*
Sergio Pérez Torres

3
Isla del Gallo
Juan Ignacio Chávez

4
Sol por un rato
Yanina Audisio

5
Venado tuerto
Ernesto González Barnert

6
La marcha de las hormigas
Luis Fernando Rangel

7
Mapa con niebla
Fabricio Gutiérrez

8
Los Hechos
Jotaele Andrade

Colección
CUARTEL
Premios de poesía
(Homenaje a Clemencia Tariffa)

1
El hueso de los días
Camilo Restrepo Monsalve

-

V Premio Nacional de Poesía
Tomás Vargas Osorio

2
Habría que decir algo sobre las palabras
Juan Camilo Lee Penagos

-

V Premio Nacional de Poesía
Tomás Vargas Osorio

3
Viaje solar de un tren hacia la noche de Matachín
(La eternidad a lomo de tren) /
Solar Journey of a Train Toward the Matachin Night
(Eternity Riding on a Train)
Javier Alvarado

-

XV Premio Internacional de Poesía
Nicolás Guillén

4
Los países subterráneos
Damián Salguero Bastidas

-

V Premio Nacional de Poesía
Tomás Vargas Osorio

5
Las lágrimas de las cosas
Jeannette L. Clariond

-

Concurso Nacional de Poesía
Enriqueta Ochoa 2022

6
Los desiertos del hambre
Nicolás Peña Posada

-

V Premio Nacional de Poesía
Tomás Vargas Osorio

Colección
Vivo fuego
Poesía esencial
(Homenaje a Concha Urquiza)

1
Ecuatorial / Equatorial
Vicente Huidobro

2
Los testimonios del ahorcado (Cuerpos siete)
Max Rojas

Colección
PIEDRA DE LA LOCURA
Antologías personales
(Homenaje a Alejandra Pizarnik)

Colección
MUSEO SALVAJE
Poesía latinoamericana
(Homenaje a Olga Orozco)

Colección
SOBREVIVO
Poesía social
(Homenaje a Claribel Alegría)

Colección
TRÁNSITO DE FUEGO
Poesía centroamericana y mexicana
(Homenaje a Eunice Odio)

Colección
VÍSPERA DEL SUEÑO
Poesía de migrantes en EE.UU.
(Homenaje a Aida Cartagena Portalatín)

1
Después de la lluvia / After the rain
Yrene Santos

2
Lejano cuerpo
Franky De Varona

3
Silencio diario
Rafael Toni Badía

4
La eternidad del instante/ The Eternity of the Instant
Nikelma Nina

Colección
MEMORIA DE LA FIEBRE
Poesía feminista
(Homenaje a Carilda Oliver Labra)

1
Bitácora de mujeres extrañas
Esther M. García

2
Una jacaranda en medio del patio
Zel Cabrera

3
Erótica maldita / Cursed Erotica
María Bonilla

4
Afrodita anochecida
Arabella Salaverry

5
Zurda
Nidia Marina González Vásquez

Colección
VEINTE SURCOS
Antologías colectivas
(Homenaje a Julia de Burgos)

Antología 2020 / Anthology 2020
Ocho poetas hispanounidenses / Eight Hispanic American Poets
Luis Alberto Ambroggio
Compilador

✠

Colección
PROYECTO VOCES
Antologías colectivas

María Farazdel (Palitachi)
Compiladora

Voces del café

Voces de caramelo / Cotton Candy Voices

Voces de América Latina I

Voces de América Latina II

Para los que piensan, como Waldo Leyva, que "la palabra ha llegado al extremo de la perfeción", este libro se terminó de imprimir en marzo de 2022 en los Estados Unidos de América.